當育兒變成一種「懲罰」？

如何改變這個不婚不生，生了還被冷漠對待的社會？

末富芳 *Kaori Suetomi*
櫻井啓太 *Keita Sakurai*
譯——陳令嫻

譯注：本書除特別標示處，所有幣值皆為日圓。目前（二〇二四年）新臺幣與日圓的匯率約為一比四．五。

推薦序——日本政治的家庭主義加重育兒懲罰

岸田文雄總理於今年（二〇二四年）九月卸任，任期間曾推動「異次元少子化對策」，但總理與執政黨幹部對施策內容的發言屢屢偏離輿論民意，導致育兒家庭和年輕人怨聲載道。對策名稱有「異次元」三字，眾人紛紛質疑：「那些人是從異次元來的，所以他們的少子化對策也是脫離現實的異次元政策。」

日本自一九八九年生育率降至一．五七以來引發熱議，甚至出現「一．五七衝擊」一詞。一九九二年的《國民生活白皮書》標題為「進入少子化時代——少子化影響與對策」，少子化一詞因而普及。那時我還是大學生，隱約記得當時的騷動。

一九九二年大學畢業後我進入報社，成為新聞記者。負責地方新聞時，我寫了多篇「某縣知事推出新少子化對策」的報導。從一九八九年至今，已經過了三十多年，日本屢次推出少子化對策，不用多說，完全看不到成效。歐美學者問過我：「為什麼日本政府都不施行少子化政策呢？」據說甚至有學者視日本為反面教材，研究怎麼做才不會淪為日本的田地。

日本政府不是什麼也沒做，看不見成效是因為反覆推出臨時抱佛腳的敷衍政策，無法打從根本解決問題。

自民黨長老之一的麻生太郎副總裁（執筆時）表示：「少子化最大理由是女性生育年齡愈來愈高。」少子化的確部分起因於女性晚婚，但多數看法都認為並非主因。相較於西班牙等已開發國家，日本、韓國等急速少子化的國家共通點是，家事與育兒責任主要由女性承擔、職場環境對家庭毫不友善、女性生產離職後難以重回職場。

我認為這些政治家並未打從根本了解年輕世代育兒所感到的孤獨與辛苦，難以兼顧工作與育兒，加上沉重的教育費，甚至無法想像結婚生子的絕望與壓抑。可見國家長期以來將育兒與教育視為家庭與個人責任。

在此情況下，出現了本書的關鍵字「育兒懲罰」，原指所得在生子後減少，但「懲罰」之所以日益嚴重在於育兒中的女性很難以正職身分重返職場。女性因生產離職，等到育兒告一段落後復職，就業率曲線因而呈現M字形，稱為「M字曲線」。安倍總理執政期間強調必須改善女性就業問題，或多或少改變了M字曲線，但部分聲音認為多數育兒女性不過是成為約聘或派遣人員罷了。

實際上，女性不是因為工作很忙才不生小孩。女性正職員工的生育率自二〇一〇年開始提升，家庭主婦與女性兼職人員的生育率則逐漸下降。這意味著正職員工享有充分福利以兼顧工作與育兒，但養育幼兒的家庭仍舊缺乏補助。

不少日本企業歧視女性，導致女性的薪資、工作、升遷機會都少於男性，母親因而難以穩定就業。換句話說，本書認為「育兒懲罰」的真相在於日本社會習於把育兒與照顧責任強加在母親身上，也不許父親參與育兒，又強迫家長必須全額支付教育費。

日本的少子化對策屢屢遭人詬病的是，相較於主要已開發國家，缺乏育兒與教育相關的政府補助。根本原因出自政治家認為育兒與教育（以及長照）原本就該由家人自己負責。

政治家之所以做如是想，在於反對「夫妻別姓制度」的自民黨長年執政。儘管許多民眾認為夫妻異姓導致家庭四分五裂的想法保守陳腐，自民黨內仍不少黨員支持夫妻同姓，已故前總理安倍晉三便是此一勢力的代表。安倍前總理支持保護臺灣安全，呼籲「臺灣有事，日本有事」，深受臺灣人歡迎，但臺灣人卻鮮少注意到他的政治思想其實與臺灣的進步價值觀大相逕庭。

安倍前總理等人的派閥至今仍認為家庭分工應該是「男主外，女主內」。此類家庭主義的代表例子是兒童津貼的排富條款。兒童津貼至今深受政權與經濟狀況左右，屢次擴大或縮小，害得育兒家庭提心吊膽。兒童所得到的補助因出生年度而異，實在太奇怪了。

自民黨黨綱明白表示不會推動社會主義類型的政策，以免讓所得再分配削弱國民獨立自主的意志。僅管民主黨重視育兒補助，但其推出的育兒政策遭到安倍前總理批評：「從家庭手中奪走育兒責任，導致育兒國家化、社會化。」

過去少子化對策從未見效，在於討論觀點完全無視女性與兒童的真正需求。各種調查結果都顯示，現代日本年輕人因為無法承擔育兒與教育費而放棄生子，甚至認為結婚也是難以實現的夢想。

一九八九年，約聘與派遣人員比率為一九·一%，到了二〇二一年則是三六·

七%，增加了一倍之多。少子化主因是，僱用傾向多為約聘與派遣，導致人民不婚，許多專家皆指出不先解決年輕世代對經濟與未來的不安，少子化對策看不到成效。

我所指導的學生就讀中等程度的大學，多半來自關東地區的「鄉下」，包含埼玉縣、千葉縣、茨城縣。由於父母收入不足，很多學生都得每天打工來賺取生活費或零用錢。接觸這些學生令我深感日本社會貧富差距明顯。他們對結婚生子通常趨向保守，並不深切期盼，因為明白自己要是有了孩子只會吃苦。育兒懲罰之於他們是一道現實的高牆，懷抱著「是誰把社會搞成這樣？」的無名怨憤（ressentiment）與相對剝奪感，忍受著日益沉重的育兒懲罰，在恐懼之中度日。

資深媒體人、作家／野島剛

推薦序——為什麼育兒從甜蜜的負荷變成一種懲罰？

全球生育率持續下探，臺灣二〇二三年生育率僅〇．八七人，成為僅次於韓國，全球第二低的國家。很多人不解：「不是有育兒津貼嗎？為什麼現代人都不生小孩？」我剛結婚的時候，長輩們也不斷勸我：「生下來，我們幫妳養。」「小孩多可愛啊，多生幾個吧！」

當了媽之後我才發現，原來「生」是最簡單的，「養」有難度但還可應付，但育兒過程絕不僅僅於此，如何「陪伴」與「教育」才是真正的煎熬。孩子長大了，要為他挑選適合的幼兒園與安親班、回到家要陪寫作業、孩子鬧脾氣時要鼓勵自己正向教養，還必須搞懂複雜多元的升學制度，更要隨時關注孩子的身心靈健康。

而最可怕的大魔王，是育兒過程中在工作上承受的各種歧視、從此之後只為了育兒而存在的人生，以及愈努力愈無力的挫折感。工作回到家近乎晚上六、七點，孩子的課後安置勢必得找安親班、才藝班。為了籌措費用，必須努力在職場求表現，但愈是勤奮工作，和孩子的相處時間愈少。

當年，我是公司裡唯一「敢」在當主管時懷孕的人。面對職場有意無意地貼標籤：「當媽媽後絕不可能全心工作」、「妳要照顧小孩，可能做不來有挑戰性的工作」，我只能更投入工作，幾乎天天應酬加班、不敢休育嬰假，根本無暇照顧孩子。後來我換了工作，讓自己準時上下班、避免假日加班，努力成為外界認為的好媽媽。但當孩子表現不如期待，又得承受外界「都是因為妳沒教好」的苛責。

我身為職業婦女已是如此，家庭主婦的處境更嚴苛。很多朋友明明為了孩子犧牲夢想和人生，但只要一切不如預期，就會招來指責：「明明妳只要把孩子照顧好就好，妳連一件事都做不好！」

我老公雖然願意付出時間陪伴孩子，但因為男性角色承擔的壓力，讓他很難在職場開口：「我要陪小孩，所以今天不能加班／無法出差／必須請假。」

為什麼育兒變成一種懲罰？不是說好是甜蜜的負擔嗎？願意生兒育女的人，明明為國家社會的未來貢獻許多，為何卻在職場、社會受到壓迫？

本書從日本社會觀察，提煉出「育兒懲罰」的定義：養育兒女的家長遭遇薪資和工作環境的不公對待，尤其是女性因為性別歧視、社會期待，成為被「懲罰」的主要對象。

社會愈是倡導「育兒是家長的責任」，抨擊「家庭教育能力低落」的家長「沒能力幹麼生」，幸災樂禍地說「所以現在大家都不婚不生」時，我們就愈無法看見育兒懲罰背後的真相。那個真相就是：想營造友善育兒的環境，政府必須提供育兒家庭必要的幫助與可負擔的人工生殖治療、社會必須給予願意養兒育女的家庭支持、職場必須改善產假和育兒假等政策、世代間必須互相包容。政治、社會、人民，我們每一個人都有責任。

這本書適合身為父母的你從中找到安慰和共鳴、適合正在糾結生與不生的你來理解，也適合覺得生小孩無用、小孩好討厭的你來認識背後真相。愈多人理解育兒懲罰，愈有機會消滅育兒懲罰。

期待有一天，育兒不再是懲罰或負擔，我們都可以甜蜜育兒。

親職作家、「失敗要趁早——張念慈」粉專板主／張念慈

譯者序

芥川獎得主村田沙耶香有本小說《消滅世界》（暫譯，尚未有繁體中文版），書中設定了一個新的社會系統，叫「伊甸園」（樂園）。

在這個新世界沒有家庭，每個人都是獨立生活的個體。醫學技術進步，開發出男性人工子宮，無論男女皆可藉由人工授精懷孕生子。政府透過系統決定每年由誰接受人工授精，獲選者會在十一月中旬收到明信片通知，十二月二十四日統一接受手術，所有新生命皆在八月中到九月初出生。

孩子出生後統一交由政府機構「中心」撫養，並由專職的工作人員照顧，直到這群孩童長到十五歲。不僅如此，所有成人都是孩子的「媽媽」，喜歡孩子的人可以利用工作以外的時間去中心協助照顧孩子。

因此，在新世界裡，無須結婚也能擁有下一代；生下的孩子是所有人的孩子，但是不需要負責照料孩子最辛苦的部分；懷孕與生產時間固定，公司安排人手方便，也沒有同事因為育兒而遲到或早退。

這個科幻世界聽起來不可能存在，我卻不禁覺得這便是外界對女性的要求——每一位女性必須是不給公司添麻煩的盡職好員工，同時必須提供部分器官好生下國家未來的棟梁。至於如何兼顧勞工與母親的職責，則是個人問題。一旦說出任何抱怨，就會飛來一句：「**誰叫妳要生！**」

如同本書主要作者末富芳所說，日本從懷孕期間便對母親不友善。我曾忍著懷孕初期的不適，前往市公所領取媽媽手冊，心想為何不能直接由醫院發放；使用設計複雜的補助券去產檢，才知道連超音波檢查的補助次數會因居住地區有所不同；申請公立托兒所時發現是以點數決定就學的優先順序。以我居住的地區為例，單親家庭每個月就業時間超過六十四小時者六十五點起跳，但像我這樣的接案工作者必須提出難以居家育兒的證明，才能獲得十點。如果與不滿六十歲的祖父母同居，且祖父母可以協助育兒者甚至倒扣十點。

政府號稱三歲以上兒童托育免費，實際上每個月還是得繳營養午餐費、點心費、教材費等林林總總的費用。政府的兒童津貼設有排富條款，部分企業的家庭津貼也規定配偶的收入限制。小學到校時間比托兒所晚，但日本通勤時間漫長，趕著出門的雙薪家長得另行安排人手陪伴小孩直到可以到校的時間。

帶孩子外出時，推著嬰兒車穿過狹窄的剪票口，一不小心撞到剪票機，馬上傳來一聲「吵死了」。到站時推著嬰兒車走下電車，則會被月臺上的行人罵「別擋路」。出門在外總得處處留心是否給人「添麻煩」，影響別人前便不自覺脫口而出「對不起」，次數多到孩子問我：「**媽媽，我們做錯了什麼嗎？為什麼要說對不起？**」

我以為這些故事只發生在日本，結果和臺灣的家長交流後發現，臺日政策或許不盡相同，但大家都面臨著類似困境。

有時是公司制度不公，規定一定比例的員工考績必須是甲下，疫情期間申請居家辦公好照看孩子的媽媽員工儘管完成交付工作，卻因為沒有進辦公室而被犧牲。有時是公司人手調度問題，媽媽員工需要帶孩子早療，主管不幫忙協調工作，還和其他同事一起言語霸凌。有時則是公司上層缺乏諒解，中階主管負責孕婦員工的工作調度，卻被高階主管視為辦事不力，不敢管教孕婦員工。

大家共同體認到，有了孩子後除非能徹底將親職外包，否則家中總要有個機動人力來因應孩子的需求，而那個人力往往是媽媽。為了孩子決定辭去工作是沒有自我、經濟不獨立；選擇繼續工作是媽媽太自私，留給孩子的時間太少。辦公室以外的世界也是如履薄冰，大家都曾在大眾交通工具和公共場合被投以冰冷的眼神。家長不僅要照顧孩子，還得滿足外界審視親子的標準，否則隨時可能被上傳爆料公社，遭人公審。

光是寫下這一長串的事實與焦慮，那句「誰叫妳要生！」已經縈繞在我心頭多次——這才是有了孩子後必須面對的最高成本。翻開本書之前，我以為這是有孩子與沒孩子雙方對立的無解困境。但本書點出：制度不公不僅是上位者鮮少親自育兒，大環境不友善不單是許多人缺乏接觸幼兒的機會，因此無法體諒，更嚴重的問題是，我們太習慣以CP值與KPI看待一切，需要時時刻刻付出來證明自己的價值，以致於忘記人生在世本身就是一種價值。

作者提到「堅強獨立的大人才了不起，軟弱沒用的傢伙是廢物——整個日本社會瀰漫經濟效率的思維」。臺灣又何嘗不是如此？包括我自己因為擔心他人的眼光而「表演」稱職的家長，也是希望藉由展現努力的一面來獲得外界認同，以免母子遭到攻擊。成人無法善待自己，自然無法善待其他人，難以接受幼兒「不需付出」便可獲得全盤接納，無法寬容看待幼兒逐漸社會化的過程。「獨立堅強的大人才了不起」的價值觀也把問題個人化，忽略每個人的背景不同、資源各異，使得家長遇上困難時難以開口求助。沉重的壓力逼迫家長陷入孤立，失去寬容的心，進而導致體罰與虐待。

當我們學會「愛自己」，尊重自己，尊重其他成年人，也尊重兒童，大環境才會朝改變踏出第一步。或許我這番話看在他人眼裡也是痴人說夢，不過如同作者在新一代議員身上看到希望，我也逐漸看到一些人注意到自己「仇孩」的心理並嘗試改變。如同其他社會倡議，緩慢前進，總有一天也會看到變化吧！

本書譯者／陳令嫻

Contents

目次

【野島剛】推薦序 005

【張念慈】推薦序 010

【陳令嫻】譯者序 013

前言 023

第一章【末富芳】

導致育兒懲罰的三大政治因素

「子育て罰」を作った３つの政治要因

1.1 本書的定義 034

1.2 三大政治課題 036

1.3 急就章的政治 040

兒童津貼制度不公，高所得家長不滿連連

低所得家庭現金補助不足

中所得家庭是下一個受害者？

中高所得家長無不戰戰兢兢

1.4 對兒童與其家庭投資過低 057

1.5 歧視與造成兒童間分裂 060

第二章【櫻井啓太】

育兒懲罰與兒童貧困

「子育て罰」と子どもの貧困

068 2.1 為什麼 Child Penalty 譯為「育兒懲罰」？
我對育兒懲罰的想法
「兒童貧困」一詞背後隱藏的問題

072 2.2 與兒童貧困的關聯

074 2.3 日本單親家庭是窮忙族
①提升就業率
工作無法改善貧窮的奇怪國家——日本
②消除育兒懲罰
是輔導就業有效？還是消除育兒懲罰有效？
雙親家庭的兒童貧困率不容小覷
日本政策方向完全相反

088 2.4 誰才是真正的懶鬼？
改變工作方式，減輕育兒懲罰

093 Column 新冠肺炎導致育兒懲罰惡化

第三章【末富芳】

「育兒懲罰大國」如何形成？

「子育て罰大国」はどのようにして生まれたか

3.1 如何「治療」我們的社會？ 102

家長負擔潛規則

教育費是「投資」還是「消費」？

教育費是「贈與」嗎？

教育費是讓孩子不恨自己的「保險」？

3.2 被迫離開公領域的兒童與女性 113

明治初期的日本竟是「兒童天堂」

被關進學校裡的兒童

3.3 為何日本成為育兒懲罰大國？ 122

養小孩花錢又花時間

理想兒童的意識型態

政府的搭便車心態

學校也是加害者

如何改變錯誤的輿論

3.4 改變的力量，從你我做起 137

第一步是改變大人的觀念

花錢養小孩不是「奢侈」而是「強制消費」

分擔投資兒童的風險與益處

日本男性受到「自立」的詛咒

放寬看待他人的心態與社會觀
你與我與兒童都很重要，值得獲得幸福

第四章【末富芳×櫻井啓太】

從育兒懲罰轉變為「育兒紅利」

「子育て罰」大国から
「子育てボーナス」社会へ！

162 4.1 大家的誤解
在職場不斷承受育兒懲罰

167 4.2 育兒懲罰與貧困
排富條款加深社會對立
兒童貧困與家長貧困
解決兒童貧困的前提並非教育

180 4.3 育兒懲罰與政治
五十世代以下政治家掌權便能改變日本！
官僚的血汗工作方式

190 4.4 育兒懲罰與我們
提倡「育兒紅利」
只需為自己努力的幸運環境
人權與努不努力沒有關係

第五章【末富芳】

如何徹底消滅育兒懲罰？——擁抱失敗，善待親子

「子育て罰」をなくそう——失敗を受け入れ、「親子にやさしい日本」に変えるために——

5.1 少子化失敗學帶來的啟示 216
①將失敗原因結構化
②修正政界的不良價值觀
③消除男性主導的政治與行政隱瞞失敗的惡習
④共享「兒童與家庭幸福優先」的價值觀

5.2 我的「兒童與家庭政策」 225
①制定重視所有兒童的《兒童基本法》
②根據普及主義制定「兒童給付配套方案」
③建立對多項財源的共識

5.3 兒童廳真的有用嗎？ 233
公明黨：根據《兒童基本法》建立「兒童家庭廳」
自民黨：「兒童優先」的兒童廳
立民黨：兒童津貼全面增額的「兒童省」
主要在野黨的共識
兒童廳無法阻止育兒懲罰？
自民黨高齡男性幹部是否成為「否決者」？
關鍵是「發聲」與「投票」

後記 257

前言

我想消滅「育兒懲罰」，我希望日本成為一個對親子友善的國家——這是我提筆寫下本書的心情。

相信有些人看到封面的「育兒懲罰」一詞嚇了一跳，所以拿起本書。日本其實是個對親子非常冷漠嚴厲的國家，可說政策與社會都在懲罰孩童和家長。為什麼會變成這樣呢？為了思考這個問題，本書特意使用「育兒懲罰」這種語不驚人死不休的詞彙，思索該如何改變。

◆政府如何利用兒童騙選票

二〇二〇年十一月六日，一篇報導標題寫著〈考慮廢除特例給付　用於解決托育設施不足〉（《產經新聞》）。「特例給付」指的是高所得家庭可領取的兒童津貼。原本每年一人可領六萬，政府打算將這筆財源挪來解決托育設施不足的問題。儘管時任內閣總理大臣的菅義偉在國情咨文強調「會嚴正面對少子化問題」，十一天後居然推出這種方針，看來他也完全無心解決問題。

在日本，育兒家庭所負擔的社會保險費不但高於長者，也不曾因育兒的貢獻享有充分的兒童津貼或免費教育等福利。小孩生得愈多，生活愈是艱辛。中高所得階層愈是努力育兒與工作，愈是受到壓迫，日本可說是「育兒懲罰大國」。

現在取消高所得家庭的兒童津貼，等同於加深育兒家庭間的分裂，孩童也會因家長的收入遭受歧視，對立與排除意味濃厚。尤其是子女在二〇二一年度升上小三以上年級的家長屬於「落空世代」，他們從孩子年幼時便支付所有學費，經濟負擔愈來愈重。總有一天，政府會連中所得家庭的育兒津貼也一併取消，對親子更加嚴刑峻法，財務省（譯注：相當於臺灣的財政部）以前便提出相同方針。

雖然因應少子化，執政黨從二〇二一年四月開始討論「兒童廳」（譯注：現在的「兒童家庭廳」，負責過去由內閣府與厚生勞動省管轄之兒童相關事務），但設立新部門既不加人也不加錢，讓人覺得只是想利用兒童來騙選票，我不禁火冒三丈。五月十八日，我以修正《兒童津貼法》的諮詢專家身分出席參議院內閣委員會，呼籲設立兒童廳的關鍵是確保充分財源以支持育兒家庭。

◆低收入育兒家庭是最大受害者

「育兒懲罰」不只是中高所得才會遇上的問題。這個詞的英文是Child Penalty，為勞動政策與家庭社會學學者提出，用於批判大環境對低所得家長過於嚴苛[1]，日譯此詞的學者櫻井啟太會在第二章解說其定義。簡單來說，**育兒懲罰是指相較於無須育兒的成年人，負責育兒的成年人薪資較低，容易陷入貧困**。尤其日本政府對低所得育兒家庭進行的所得再分配可說是到「冷酷」的地步，我將重點彙整如下：

- 日本政府的所得再分配政策對低所得階層（尤其是兼顧育兒與工作的低所得家庭）相當不利，與時代潮流逆行。

・針對單親家庭的所得再分配政策特別失敗。
・相較其他先進國家，日本的單親家庭貧困率格外突出，對單親媽媽分外嚴苛。

近年來，地方政府與社福團體的調查顯示，低所得階層不僅限單親家庭，雙親家庭也過著嚴峻的生活，例如有些兒童津貼單親家庭領得到、雙親家庭領不到。

根據內閣府二〇二〇年九月的「兒童貧困狀況」，一六．九％的育兒家庭曾買不起食物，二〇．九％曾買不起衣服。儘管他們被政府徵收稅金年金，卻連食物衣物都無法滿足，這已經不是依照所得判斷的「相對貧困」，而是陷入食衣住都捉襟見肘的「絕對貧困」。

◆半數以上日本人認為「日本不適合生育」

大家會想在這樣的國家生兒育女嗎？圖0-1顯示五二％的日本人認為自己國家

圖 0-1　你認為自己的國家適合生育嗎？

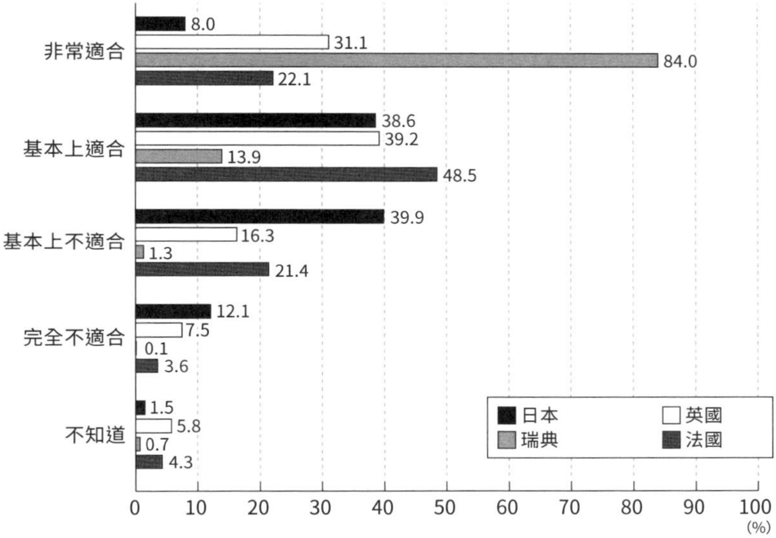

出處：內閣府《少子化社會之國際意識調查報告》（2015）。

不適合生育。但對於相同問題，英國的否定比率是二三．八%，法國為二五%，瑞典僅一．四%。

繼續這樣下去，無論所得多少，日本只會愈來愈不適合育兒，國民愈來愈不願意生子。

◆身為教育學學者，也是一個母親

進入正題之前，我想先自我介紹。我的研究領域是教育學，特別是教育費用與教育財政問題。同時，我也是兩個孩子的母親。

二〇一四年，我參與內閣府成立的兒童貧困對策學者專家會議，鑽研兒童貧困政策，提升自己的專業。同時，我身為家長，也深感這個國家對親子是多麼冷淡。看到前述的報導，腦海中浮現「育兒懲罰」一詞，或許是我的內心有個角落認為自己是受害者。

我懷孕時遭到同事高聲怒罵，在車站被陌生人踹嬰兒推車。不得已帶著襁褓中的孩子去大學上班時遇到職場霸凌，被要求「不要帶孩子來學校」（這個狀況現在已經改善了）。

在金錢上，明明認真繳納稅金、年金等各項社會保險費，換來的卻是昂貴的托育費，也領不到充足的兒童津貼。我與丈夫因為工作分居兩地，還得負起長照責任。孩子還小時，每個月要支付七萬托育費，家計相當窘迫。我要先說明我所任教的日本大學保證教師的薪資水準，但我仍有一段日子過得左支右絀。

此外，我生第一胎時恰好換工作，這才知道日本的《勞動基準法》規定剛換工作不得請產假，好險外子可以請產假。原來政府制定勞動法規時完全無視母親可能會換工作，我驚訝得啞口無言。

二〇一四年年初，我生了第二胎也沒辦法請育嬰假。同年四月，內閣府成立兒童貧困對策學者專家會議。儘管力量微薄，為了讓與我家孩子出生在同一時代的所有兒童都能獲得幸福，我成為會議委員，全心全意改變這個社會。

◆本書概要

第一章簡要說明何謂育兒懲罰，並以實際案例解析日本社會對親子多麼冷酷、政策對親子施以何種懲罰，以及導致這些現象的三大政治因素。同時比較其他先進國家，運用學者與公益團體的調查分析，釐清日本如何打擊親子。我也會提出，為何我認為廢除高所得階層兒童津貼的政策，今後可能波及中所得階層。

第二章交由把Child Penalty譯為「育兒懲罰」的櫻井啟太，說明其原本與目前的意義。同時提出貧困階層面臨的問題、低所得家長拚命工作仍然飢寒交迫的現況，以及社會救助政策的課題。

第三章說明一九六〇年後，社會為何出現育兒是「個人責任」的觀念。家長必須自行負擔所有教育費的「家長負擔潛規則」，加上大眾對「理想兒童」的意識型態，把所有家長逼到絕境，同時提出解決辦法。

第四章則是我以教育學學者的身分和社會福利學者櫻井啟太對談，從育兒補助政策、兒童貧困對策、勞動與薪資課題、政治內部問題，以及如何讓人民對兒童更加友善等觀點進行討論，提出「育兒紅利」的概念，思考實際做法。

第五章彙整消弭育兒懲罰的所需政策、朝野各黨關於兒童廳的政策提案，以及總理與內閣如何為了選票利用兒童。

我提筆寫下本書時，強烈希望：育兒懲罰從這個國家消失，日本成為對親子友善的溫馨國家。

---

1 櫻井啟太（二〇一九）〈承受「育兒懲罰」的國家——日本單親家庭與貧困〉SYNODOS報導。
大澤真理（二〇一五）〈日本社福政策懲罰就業與育兒〉《家庭社會學研究　第二十七卷第一號》。

第一章【末富芳】

導致育兒懲罰的三大政治因素

「子育て罰」を作った3つの政治要因

1.1 本書的定義

第一章會從導致「育兒懲罰」的眾多要素中抽取三大政治因素，詳述課題與解決辦法。

首先是關於育兒懲罰的定義，在此我先重新彙整〈前言〉提及的內容，這個詞是用來描述現今的日本是個對兒童與其家庭冷漠嚴酷的國家，本書會進一步指出育兒懲罰是由政治與社會聯手造成的，而且問題益發嚴重，是日本當前必須迫切解決的一大課題。

從日本對育兒家庭的補助來說，無論是發放兒童津貼等「現金給付」，抑或是施行免費教育等「實物給付」都不夠充分。而且不分家庭收入多寡，兒童和家長都得吃上苦頭。從專家的角度分析，育兒懲罰的根本問題是育兒家庭的所得再分配失敗，失敗背景在於政治對兒童和家長冷漠嚴酷的態度，這正是導致日本出現育兒懲罰的最大主因。

除了政策，社會和企業也對擴大育兒懲罰有所「貢獻」。企業從僱用、薪資到升遷等各方面都歧視女性，尤其導致就業不穩定，無法打從根本改善女性的經濟狀況，社會又過度期待母親負起家事與育兒責任，我在這樣的環境下照顧小孩也時常感到令人窒息的壓力。至於父親，則受到工時長與非典型就業的影響，即使想參與育兒也分身乏術。在先進國家當中，日本男性參與育兒與家務的時間最短，已是惡名昭彰的事實[1]。

綜上所述，社會對母親過度期待；企業固守舊習，導致父親難以參與育兒、母親難以確保工作穩定；社會普遍存在「家長負擔潛規則」，認為從出生到大學的教育費皆由家長自行承擔，而非社會整體分擔[2]——這一切正是導致日本對兒童冷漠嚴酷的主因。

> 育兒懲罰的真相：強迫母親獨自負起養育子女的責任，也不利於父親參與育兒，教育費更必須由家長自行負擔——這正是日本的社會現況。

1.2 三大政治課題

我認為導致育兒懲罰的三大政治課題如下：

> ① 急就章的政治。
> ② 對兒童與其家庭投資過少。
> ③ 歧視與造成兒童間分裂。

①急就章的政治是指，過去民主黨掌權時因重視每一名兒童所規畫的兒童津貼，在日後自民黨與公明黨聯合政府時期排除了中高所得家庭，而對低所得家庭大量給付的兒童津貼與無收入限制的高中免學費福利也屢屢減少，目前僅三到五歲的幼兒不受所得限制。

育兒家庭與計畫育兒的家庭，相較於高齡世代負擔更多稅金與年金，卻必須承受「兒童津貼不知何時停發」、「免繳學費的福利不知何時停止」的恐懼。

圖1-1與1-2是民主黨矢田稚子參議院議員辦公室所製作的資料，明顯看出兒童相關福利隨著政權交替大幅改變。

二〇〇九年前，自民黨麻生太郎擔任總理期間，限定年收入八百六十萬以上的家庭不得領取兒童津貼，民主黨掌權後廢除了這項限制（圖1-1）。但是二〇一二年自民黨奪回政權，由安倍晉三第二次擔任總理，一直到二〇二一年幾乎和麻生總理期間並無二致。不僅如此，二〇一一年廢止扶養兒童（零到十五歲）扣除制度，二〇一九年調漲消費稅，更是加重人民的經濟負擔。圖1-2顯示年收入八百五十萬以上的家庭所適用的所得稅調整扣除相關制度，但除此之外沒有任何政策來支持日益增加的育兒與家計負擔。

②對兒童與其家庭投資過少，指的是政府對兒童與其家庭的支出不足等結構性問題。研究少子化政策和育兒支援的經濟學與社會學專家指出，這才是應當改善的課題。在少子化的環境下，無論收入多少，愈是努力工作養小孩的人，負擔愈是沉

圖 1-1　兒童制度的演變

	~2009 年	2010 年	2011 年	2012 年	2013 年~	2022 年
制度名稱	前兒童津貼	兒童津貼	特別措施之兒童津貼	現兒童津貼		
給付金額	0~不滿3歲 每月10,000圓 3歲~小學生 每月5,000圓 第3名（含）以上子女 每月10,000圓	0歲~國中生 每月13,000圓	0~不滿3歲 每月15,000圓 3歲~小學生 每月10,000圓 第3名（含）以上子女 每月15,000圓 國中生 每月10,000圓	0~不滿3歲 每月15,000圓 3歲~小學生 每月10,000圓 第3名（含）以上子女 每月15,000圓 國中生 每月10,000圓 年收入960萬圓以上者給付5,000圓		
所得制限	有所得限制（年收入860萬圓以下）→	無所得限制	→	恢復所得限制（年收入960萬圓以下）		修改特例給付
所得稅的扶養兒童扣除等	可扣除 →	廢除扶養兒童扣除 減少16~18歲的特定扶養扣除額				
※年收入960萬圓以上的情況	因受所得限制不給付津貼 →	給付「兒童津貼」與「特殊情況之兒童津貼」*1 →		特例給付　1人每月5,000圓		
※年收入1200萬圓以上的情況	因受所得限制不給付津貼 →	給付「兒童津貼」與「特殊情況之兒童津貼」*1 →		特例給付　1人每月5,000圓 但僅到2022年9月為止		

＊1 譯注：急難救助等特殊情況所給付的津貼

圖 1-2　從家庭年收和兒童年齡看兒童津貼與所得稅扣除

兒童年齡		0~15歲	16~18歲	19~22歲
年收入1,200萬圓以上	兒童津貼	特例給付5,000圓		
	所得稅扣除	所得金額調整扣除*2	所得金額調整扣除 特定扶養扣除額38萬圓	所得金額調整扣除 特定扶養扣除額63萬圓
年收入960~1,200萬圓	兒童津貼	特例給付5,000圓		
	所得稅扣除	所得金額調整扣除	所得金額調整扣除 特定扶養扣除額38萬圓	所得金額調整扣除 特定扶養扣除額63萬圓
年收入850~960萬圓	兒童津貼	兒童津貼給付 （0~不滿3歲15,000圓，3歲~小學畢業10,000圓，第3名（含）以上子女15,000圓，國中生10,000圓）		
	所得稅扣除	所得金額調整扣除	所得金額調整扣除 特定扶養扣除額38萬圓	所得金額調整扣除 特定扶養扣除額63萬圓
年收入850萬圓以下	兒童津貼	兒童津貼給付 （0~不滿3歲15,000圓，3歲~小學畢業10,000圓，第3名（含）以上子女15,000圓，國中生10,000圓）		
	所得稅扣除	—	特定扶養扣除額38萬圓	特定扶養扣除額63萬圓

＊2 譯注：當事人為身心障礙者、扶養23歲以下親屬或身心障礙者，以及收入包含薪資與年金者。

出處：內閣府財務省官網，矢田稚子辦公室製表（2021）。

重，蒙受的福利也愈少。政權長期以來對兒童與其家庭投資貧乏，可說是導致育兒懲罰蔓延全國的元兇。

③歧視與造成兒童間分裂是指，兒童可領取的津貼和所受的教育會隨家長的人數（單親或雙親）、所得（高所得或低所得）等家長屬性，以及兒童出生的年代而有所差異，詳情留待下一節說明。〈前言〉提到廢止高所得家庭的兒童津貼，代表將有六十一萬名兒童不會受到任何補助，遭到政策排除。這種依據「家長屬性」劃分兒童的歧視制度，其背景在於潛意識認為子女是父母的附屬品或所有物，這種想法大有問題。

首先，所有在日本出生成長的兒童都應獲得相同補助。《日本國憲法》第十四條第一項規定：「全體國民在法律面前一律平等。在政治、經濟以及社會的關係中，都不得以人種、信仰、性別、社會身分、門第不同而有所差別。」那麼高所得家庭的子女因父母的社會身分（收入）無法獲得任何補助，便是憲法明言的「有所差別」。

下一節將彙整這三點的現況，釐清課題。

1.3 急就章的政治

我的直覺是，日本的育兒懲罰情況日益嚴重，是從二〇二〇年十一月〈前言〉提到的報導〈考慮廢除特例給付　用於解決托育設施不足〉[3]開始。隔年二月二日，日本內閣決定「修正兒童津貼相關法案，廢除部分高所得家庭的兒童津貼，二〇二二年十月起，經濟戶長年收入為一千兩百萬以上者不再給付」（《日本經濟新聞》）[4]。該方針簡單彙整如下：

①二〇二二年十月起，針對國中生以下的兒童，其家中經濟戶長年收入為一千兩百萬以上者，不再給予「特例給付」（譯注：針對高所得家庭的兒童津貼）。

②承①，此舉將導致六十一萬名兒童無法獲得任何政府補助。

③廢除之財源，一年共三百七十億，將用於建立新托育設施，解決托育設施不

足的問題。

④二○二二至二○二四年度，保證十四萬名兒童可以進入托育設施（一年解決四．六萬名兒童無法進入托育設施）。

這種政策簡直問題百出。首先，廢除兒童津貼的對象是經濟戶長年收入一千兩百萬以上的家庭，會導致雙薪家庭與單薪家庭出現落差，又很可能因為些許的收入差異，許多家庭變得無法領取兒童津貼。此外，排除六十一萬名兒童的津貼，用來確保十四萬名兒童也不是合理的政策，只是加深六十一萬名兒童的家長負擔，將育兒成本轉嫁到民眾身上。

最根本的問題在於，六十一萬名兒童與其家長失去補助所受到的打擊和十四萬名兒童得以進入托育設施，是可以放在一起比較孰輕孰重的嗎？高所得家庭若是不生孩子，少子化會更加嚴重。執政黨與厚生勞動省（譯注：相當於結合臺灣衛福部與勞動部的部會）真的認真計算過廢除兒童津貼對家計和社會所造成的負擔（成本）、缺點，以及解決托育設施不足的利益嗎？

修改兒童津貼的系統估計耗費兩百八十九億[5]，這筆錢相當於從六十一萬名孩子搶走一年份的兒童津貼。據說少子化大臣坂本哲志表示：「（只要修改一次）就長期來看是妥當的支出。」倘若他真的這麼想，代表政府打算持續強化對高所得家庭的育兒懲罰政策。

這項法案最終於二〇二一年五月二十一日在國會表決通過。我在參議院內閣委員會報告第五章提及的改善方案，雖然獲得朝野各黨議員同意，但眾人屈服於菅總理的數據理論，仍舊無法阻止這項政策。

◆兒童津貼制度不公，高所得家長不滿連連

圖1-3顯示三種高所得家庭因問題百出的政策所面臨的不公。另外，目前包含專業主夫或像我家這樣是由我當經濟戶長（內閣府的資料[6]為「負擔家庭主要生計者」，本書簡稱「經濟戶長」）等家庭型態不少，不過本書採用人數最多的丈夫為

圖 1-3　2022 年 10 月後高所得家庭的兒童津貼（模擬情況）

	丈夫（經濟戶長）	妻子	合計年薪	每名子女 1 年的兒童津貼
情況 1	1,200 萬圓	0 圓	1,200萬圓	0 圓
情況 2	1,195 萬圓	0 圓	1,195 萬圓	6 萬圓
情況 3	1,195 萬圓	1,195 萬圓	2,390 萬圓	6 萬圓

出處：末富製表。

經濟戶長舉例，以便製表。

我為了方便大家明白，使用了比較極端的例子。情況 1 與情況 2 都是丈夫薪資高、妻子負責家務，但一看就明白兩者僅因薪資的些許差異，每名子女所能領到的兒童津貼隨之而異。當經濟戶長的年薪由一千一百九十五萬（情況 2）升到一千兩百萬（情況 1）時，收入僅增加五萬，卻失去六萬的兒童津貼。情況 3 則是雙薪家庭，兩人薪資各為一千一百九十五萬，合計兩千三百九十萬，同樣能領到六萬的兒童津貼。比較情況 1 與情況 3，即凸顯制度不公。

面對現況，育兒世代的不滿與不安紛紛爆發。以下舉兩則來自 Yahoo! Japan 新聞的留言，留言者都是正在養育子女的家長。

我家有四個孩子。

每個孩子的兒童津貼是五千塊。

所得幾乎都被稅課光光，每月餐飲費七萬左右。

老實說每個月都過得很辛苦。

因為所得限制，也拿不到私校補助。

我本來把兒童津貼存起來當孩子將來的學費，要是被砍掉了，以後真的不知道該怎麼辦。不要老是砍我們的福利，這些當官的也砍砍自己的吧！

薪水高不等於是有錢人。

我們是雙薪家庭，年薪合計一千萬。家裡有三個小孩，沒有高中免學費福利。早知如此，還不如離婚當單親家庭。現在居然要砍掉兒童津貼，我們明明繳了這麼多稅，卻無法讓孩子進到他想去的學校。是不是該紙上離婚呢……相信不只我家認

真煩惱這件事。

（以上皆 Yahoo! Japan 新聞〈考慮廢除特例給付　用於解決托育設施不足〉的留言）

打擊雙薪家庭就業士氣也是一大問題。收入減少導致消費減少，進而造成GDP衰退與景氣倒退。我曾必須兼顧工作、育兒、長照，要是孩子領不到任何福利，想必深感無力，覺得自己究竟為了什麼努力工作。

《商業內幕》（*Business Insider*）記者竹下郁子訪問從事醫護工作的女性時，對方回答如下：

我從沒想過兒童津貼有一天會取消，氣到一整晚都睡不著。咬牙努力兼顧工作與育兒，晉升到管理階層，政策卻害我愈努力工作，損失愈大，那不如減少工時或乾脆辭職算了。老實說，我現在很煩惱究竟該怎麼選擇。

（〈廢除年薪一千兩百萬圓以上家庭的兒童津貼是「工作吃虧的育兒懲罰」。有些夫妻考慮放棄職涯與生子，甚至紙上離婚〉二〇二〇年十二月十六日《商業內幕》報導）

◆低所得家庭現金補助不足

自民黨的兒童與育兒政策特徵一向是鮮少給付現金，而且不只對高所得家庭冷酷無情，對低所得家庭也是如此。

二〇二〇年內閣府資料顯示，育兒家庭有一六．九％曾經買不起食物，二〇．九％買不起衣物[7]。食衣住等生活基本需求無法獲得滿足的情況稱為「絕對貧困」，日本社會直到現在依舊存在絕對貧困與飢餓問題。

我從二〇一四年制定兒童貧困對策大綱以來，便以內閣府兒童貧困對策學者專家會議成員的身分，想辦法解決問題。那麼究竟為什麼日本還有育兒家庭連食衣住都得不到滿足呢？原因是育兒世代難以獲得所得再分配（代替課稅，以社會福利等方式調整家計所得的制度）。

圖1-4與圖1-5分別顯示所得再分配前後男女的貧困率[8]。這是二〇一八年的調查結果，當時仍需繳納幼兒教育費與私立高中學費。但在此之前，低所得家庭本來就無須繳交托育費，因此推測嬰幼兒貧困率並未出現大幅改善。

圖 1-4　所得再分配前後的男性貧困率（2018 年）

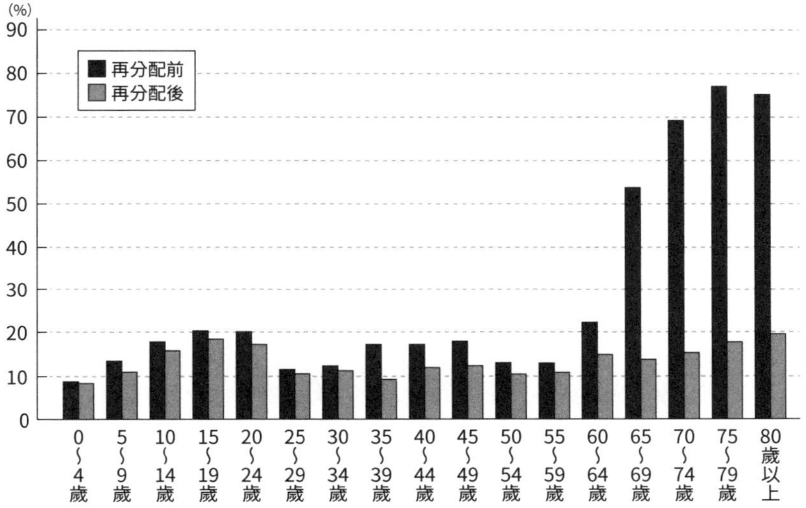

圖 1-5　所得再分配前後的女性貧困率（2018 年）

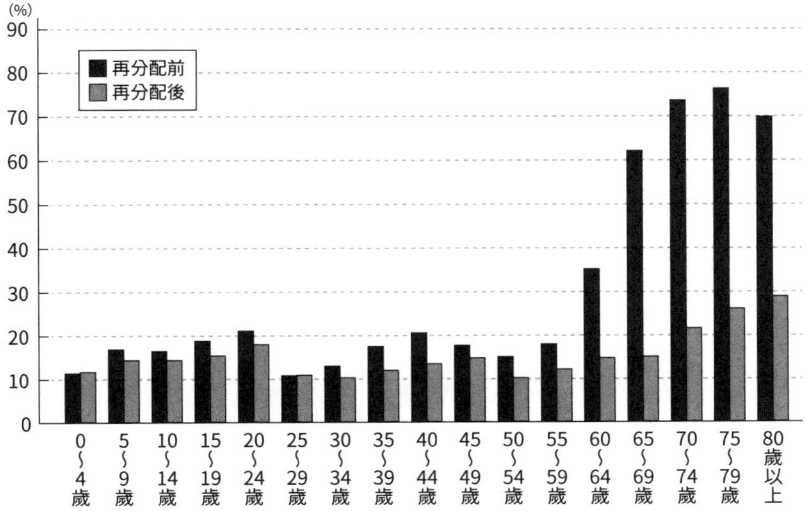

出處：以上皆阿部彩「日本相對貧困率動態：根據2019年國民生活基礎調查」貧困統計網站（2021）。

所得再分配後的貧困率（各年齡層右側長條）若是比所得再分配前的貧困率（各年齡層左側長條）低，代表有效改善了貧困狀態，但圖表顯示不分性別，兒童貧困率從未有過大幅改善。出現最大改善的是六十五歲以上男性，但零到四歲嬰幼兒的貧困率卻幾乎毫無變化。此外，五到九歲學齡兒童與十到十四歲男童女童的貧困率僅下降二%，三十五歲以上男女的貧困率則下降五%。由此可見，所得再分配政策對嬰幼兒與學齡兒童幾乎沒有發揮效果。

女性的情況則更為艱辛。儘管六十五歲以上者和男性一樣，貧困率獲得大幅改善，但零到四歲與二十五到二十九歲的女性貧困率卻出現些許惡化。換句話說，所得再分配政策對兒童與年輕女性而言，並不如男性有效。

透過以上數據可知，新冠肺炎疫情前，日本的所得再分配政策對育兒家庭並未發揮功效，才會出現連衣食住都缺乏的家庭。

我至今身為內閣府委員協助政府訂定改善兒童貧困的政策，也參與過文部科學省（譯注：相當於臺灣的教育部）的高中免學費政策，所以比誰都了解自民黨政權的政策特徵就是不喜歡給付兒童現金。改善兒童貧困對策相關法律與政府改善兒童貧困對策相關大綱，皆明定補助政策順序為：教育補助↓監護人就業協助↓生活補助與經濟補助。換句話說，經濟補助也就是現金給付排在最後。

實際上從政府的資料[9]也可看出，二〇一〇年民主黨政府調高「現金給付」以來就未曾增加，但解決托育設施不足等「實物給付」預算增加（圖1-6）。換句話說，自民黨政府的做法並非利用稅制進行所有家庭的所得再分配，以改善吃不飽穿不暖的貧困家庭，而是將預算優先用於免費教育（學費與托育費由政府負擔）與增加托育設施等「實物給付」。

「實物給付」本身不是壞事，進不了托育設施的幼兒人數眾多；免費教育則可以減少高中生與大學生放棄學業，提升低所得階層的大學升學率。但許多學者專家多次提出，所得再分配對低收入家庭與育兒家庭效果薄弱，並未改善其艱困的生活[10]。我每次參加內閣府的兒童貧困對策學者專家會議時，都強烈要求必須增加對低收入育兒家庭的現金給付，政府卻遲遲不執行[11]。

我在疫情期間與協助貧困兒童的公益團體一起舉辦記者會，向政府要求臨時給付金的範圍必須從單親家庭擴大到貧困的雙親家庭，並將署名親手交給時任經濟再

圖 1-6　家庭相關支出的推移

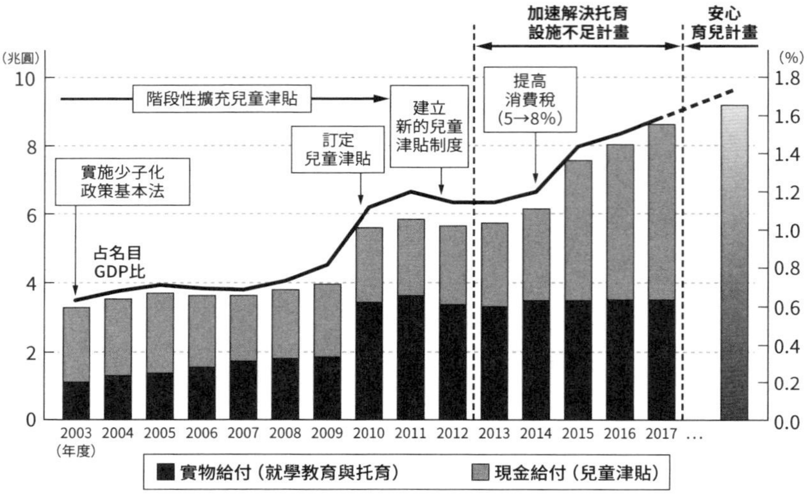

出處：財務省財務制度等審議會之財政制度分科會資料（2020年10月8日）。

＊2019年10月，實施幼兒教育與托育免費的同時，一般年度增加了約8,900億圓（公費支出，相當於占名目GDP比增加約0.16%）。

生大臣西村康稔。

單親家庭的臨時給付金於二〇二〇年度以修正預算的方式通過，並於二〇二一年發放。貧困雙親家庭的臨時給付金則在公明黨與在野黨的強烈要求下列入提案，但卻遲至七月底發放，趕不上家計最吃緊的四月開學期間。貧困雙親家庭與貧困單親家庭生活窘困的程度不相上下，他們不知道下一頓飯是否有著落，根本無心思考積極向學等關於前途的問題。

安倍總理在任期間，兒童貧困率的確有所改善，從二〇一二年的一六．三%、二〇一五年的一三．九%，到二〇一八年降到一三．五%，但日本單親家庭貧困率一直以來都是先進國家中的最後一名。從數據來看，二〇一二年為五四．六%、二〇一五年為五〇．八%，到二〇一八年降至四八．一%，儘管略為改善，但仍舊高達半數左右的單親家庭生活清寒[12]。

圖1-7顯示育兒家庭中「完全沒存款」與「存款用於生活費」的比例。單親媽媽家庭貧困率最高，二〇一二年回答「完全沒存款」與「存款用於生活費」的比率達三九．六%，二〇一四年下降至三六．一%後一直維持差不多的數字，新冠疫情極可能導致情況持續惡化。

換句話說，貧困率看似因安倍經濟學而好轉，事實上單親媽媽家庭、存不了錢的育兒家庭比率並無明顯改善。我不得不再次強調低所得育兒家庭生活依舊艱苦。

新冠疫情以來，對於無法滿足生活基本需求的窮困雙親家庭，政府明明應當保護其生活與安全，但卻推三阻四，棄之不顧，這不是沒有盡到責任嗎？現金給付對

圖 1-7 「沒有存款」的家庭比率

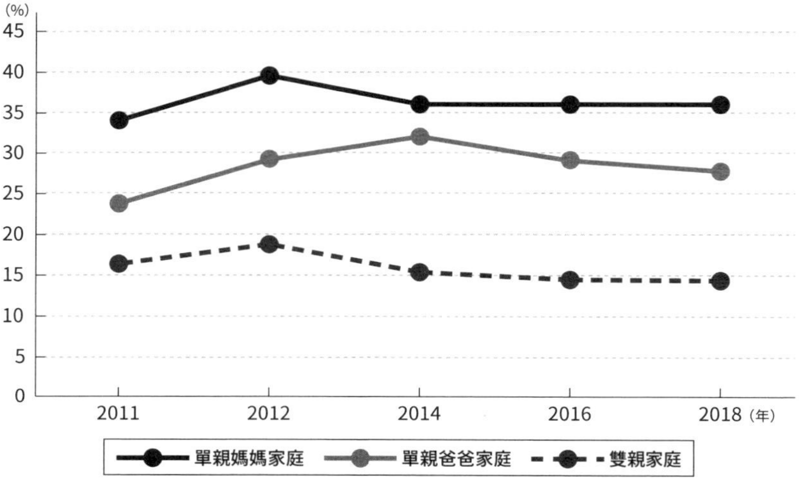

出處：末富根據獨立行政法人勞動政策研究研習機構「有兒童的家庭生活情況暨監護人就業情況相關調查2018」（第五屆育兒家庭全國普查）表5-2-6家計生支平衡狀況製表。

生活基礎岌岌可危的貧困家庭而言是「萬靈藥」，可以用來買孩子上學需要的物品，也可以拿來買肉類蔬菜，補充孩童成長不可或缺的營養。國內外研究都指出現金給付能直接改善兒童的貧困狀態[13]。

在日本這個少子化極嚴重的國家，無論收入多寡，養育新時代棟梁不是件容易的事。但令人傷心的是，即使是陷入「絕對貧困」的家庭都領不到足夠的現金給付，這便是「育兒懲罰大國」日本的悲慘現況。

◆中所得家庭是下一個受害者？

前文提到高所得與低所得家庭的艱難處境，中所得家庭也不能就此安心。

分析政府內部討論可知，包含財務省、與之關係緊密的閣員，以及自民黨黨員參考了高中免學費制度的框架，考慮廢除年所得九百一十萬以上家庭的兒童津貼，也就是極可能增設針對中所得家庭的排富條款。證據是財務省財政制度等審議會財政制度分科會的資料[14]，明確提到「重新審視高所得者的兒童津貼」時，也「應當重新調整或刪除超過所得標準者之特例給付」（五三頁）。

日本的高中免學費設有所得限制，年收入不滿九百一十萬的家庭一年減免十一萬八千八百圓的學費，年收入不滿五百九十萬者則一年減免私立學校學費三十九萬六千圓（圖1-8）[15]。年收入是指夫妻收入的總和，因此將來夫妻收入合計九百一十萬以上的育兒家庭，完全領不到高中免學費與兒童津貼這兩項重要補助。

兒童津貼的目的在於支持日常生活，免費教育的目的在於支持兒童學習，進而成為促進國家經濟成長的人才。二〇一四年度討論高中免學費的所得限制時，時

圖 1-8　高中免學費制度的所得限制

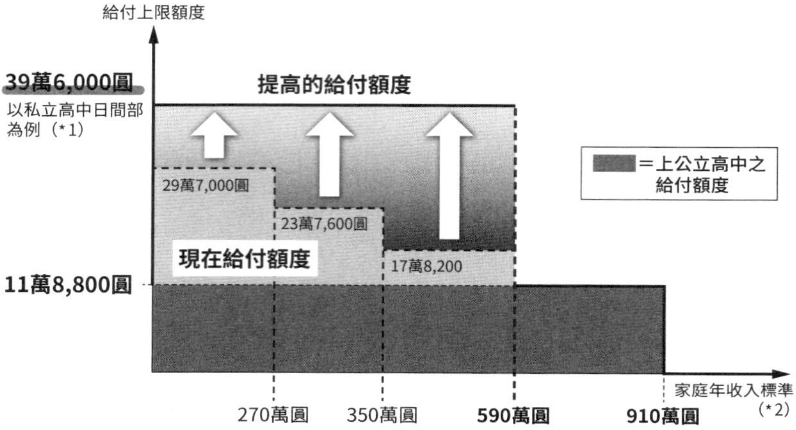

出處：文部科學省《私立高中實際免學費》（2020年4月起）手冊。

*1 其他給付上限為函授制私立高中29萬7,000圓，國公立高中（一～三年級）23萬4,600圓。
*2 雙親、高中生與國中生的四人家庭，雙親其中一人就業。

任文部科學大臣的自民黨下村博文提議排除年收入七百萬以上的家庭，公明黨則主張「提高至一千兩百萬，擴大到中所得階層」[16]。最後折衷，以九百一十萬作結。

這次關於兒童津貼的排富條款，乍看只鎖定年收入一千兩百萬以上的高所得家庭，但極可能擴大至夫妻年收入合計九百一十萬，甚至七百萬的中所得階層，帶來新的育兒懲罰，所以我才會主張受害的不會只有高所得者。

◆中高所得家長無不戰戰兢兢

本節簡單彙整二〇一〇年起日本的兒童津貼與免費教育的變遷。

兒童津貼是照顧零歲到國中生的現金給付制度。每月金額為零到三歲兒童一人一萬五；三歲到小學畢業的第一個與第二個孩子每人一萬，第三個以上的孩子每人一萬五；國中生則是每人一萬。

圖1-9顯示，從二〇一〇至二〇一二年民主黨政府，直到二〇一二年重新執政的自民黨與公明黨聯合政府，關於兒童津貼的基本架構未曾改變。但前者根據「普及主義」發放，無論家長所得多寡，所有兒童津貼都相同。後者則將高所得階層的兒童津貼減少至每人五千，二〇二二年後廢止，這種情況稱為「選擇主義」，選擇冷漠對待高所得家庭，推動育兒懲罰。

圖1-10為免費教育的變遷。二〇一四年起，高中免學費排除年收入九百一十萬以上的高所得家庭，二〇二〇年設定的私立高中免學費標準也是如此。

重點是無論兒童津貼或免費教育，政府設下的所得限制都是在民眾不清楚原

圖 1-9　2010 年起兒童津貼的變遷

	2010	2011	2012	2022
	訂定兒童津貼制度	調高兒童津貼	變更兒童津貼制度	廢除高所得家庭的兒童津貼
低所得階層（無須繳納居民稅的家庭）	○	○	○	○
中所得階層	○	○	○	○
高所得階層（標準為年收入960萬圓以上）	○	○	△ 每名兒童減少至5,000圓（特例給付制度）	×（經濟戶長年收入1,200萬圓以上者）

出處：末富根據厚生勞動省「兒童津貼相關資料」製表。

圖 1-10　2010 年起免費教育的變遷

	2010	2014	2019	2020	
	高中免學費	高等學校入學援助制度	幼兒教育免學費（3～5歲）	私立高中免學費	高等教育免學費
低所得階層（無須繳納居民稅的家庭與相同程度的家庭）	○	◎	○	○	○
中所得階層（標準為年收入不滿590萬圓）	○	○	○	○	×
高所得階層（標準為年收入910萬圓以上）	○	×	○	×	×

出處：末富根據內閣府《2013年少子化社會對策白皮書》與文部科學省《高中生等人之就學援助》製表。

則的情況下變更，導致家長惶惶不安。儘管目前所有家庭都享有幼兒教育免學費，但正如〈前言〉提到的「落空世代」，也就是二〇二一年度升上小三以上年級的家長，這些家庭不但未曾享有幼兒教育免學費，今後也領不到兒童津貼。即使是高所得階層，彼此間也存在著不平等。中所得階層則是無法享有高等教育免學費，還要擔心私立高中免學費的補助額度可能下調，不知自己何時會被排除在制度之外。

兒童津貼與免費教育的福利時時變動，這件事本身就是造成家長不安的育兒懲罰。增加現金給付與政策不朝令夕改，在日本就算是消弭育兒懲罰的第一步了吧！

1.4 對兒童與其家庭投資過低

倘若延續如此「加重育兒懲罰」的步調，今後的日本社會會出現何種變化呢？

圖1-11引用東京大學山口慎太郎教授對財務省的研究提出的報告，可以發現當政

圖 1-11　家庭相關支出與出生率

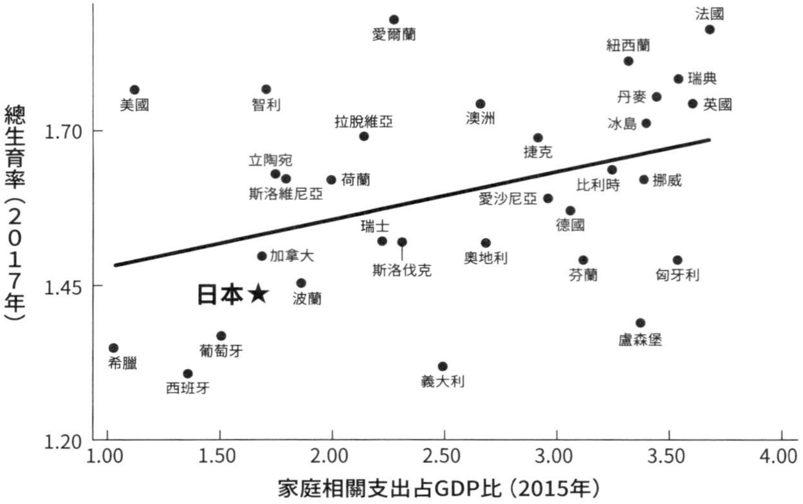

出處：財務省財務總研「人口動態與經濟、社會變化相關研究會」第二次資料　山口慎太郎〈家庭政策對生育率之影響〉（2020）。

府增加家庭相關支出時，出生率便會提升。

相較其他國家，日本政府對家庭的相關支出占GDP比非常少，少子化情況也相當嚴重。有鑑於此，政府該做的不是廢除高所得家庭的兒童津貼，而是無論家長收入多寡，都全面大幅補助育兒吧！對所有兒童發放基本兒童津貼、針對低所得家庭提高兒童津貼與教育費減免額度、放寬高中與大學免學費的所得限制。

不是只有我這麼認為，許多對少子化政策提出建言的學者也持相同意見。山口教授接受《東京新聞》的採訪時表示：「單憑個別政策已經無法改善日本的少子化問題，必須以配套的概念消除經濟負擔。世界各國的研究都已證明兒童津貼與建立托育設施能有效提升總生育率。」（〈全球數一數二薄弱的少子化政策　日本政府提高育兒補助津貼〉《東京新聞》二〇二〇年十一月三十日）

中央大學山田昌弘教授接受《東京新聞》訪問時表達的意見如下：「倘若廢除針對高所得家庭的兒童津貼，本來領得到的津貼領不到，導致年輕人放棄生第二個與第三個孩子，這種做法根本是倒行逆施。不應刪減或挪用預算，而是整體增加。」（〈考慮廢除高所得家庭的兒童津貼　限制變更為「夫妻合計」　鎖定對象〉《東京新聞》二〇二〇年十一月十四日）

尤其是家庭經濟學第一線學者山口慎太郎教授在報導中指出：「相較於其他國家，日本的少子化政策支出無幾。」這次廢除高所得家庭的兒童津貼，代表更加刪減原本就稀少的育兒補助財源，不僅違背少子化政策，還會加速超少子化。

我曾比較過日本政府與其他國家在義務教育階段的相關支出[17]，製作出圖

1-12的長條圖（每名兒童，單位為美元）。長條圖最下方黑色與灰色是兒童津貼與扣除額等現金給付政策（包含稅賦優待政策所規定之針對家計的扣除額）。

由此可知，與山口教授的圖1-11相同，日本政府對六到十一歲兒童的支出非常低。長條圖中的白色部分乍看之下顯示日本相較於其他國家投資了大量教育費，實際上六到十一歲的支出為六萬四千零五十美元，不過是中等程度罷了。折線圖顯示教育費占比為〇．七六，支出偏重教育，再次證明自民黨政府並不重視兒童津貼等現金給付政策。

1.5 歧視與造成兒童間分裂

圖1-13是內閣府在二〇一五年提出的分析結果，顯示年收入八百萬以上的中高所得育兒家庭承受的稅賦與保險負擔，已經超過享有的福利[18]。今後人民除了

圖 1-12　2013 年政府對每位 6 ～ 11 歲所發放之給付

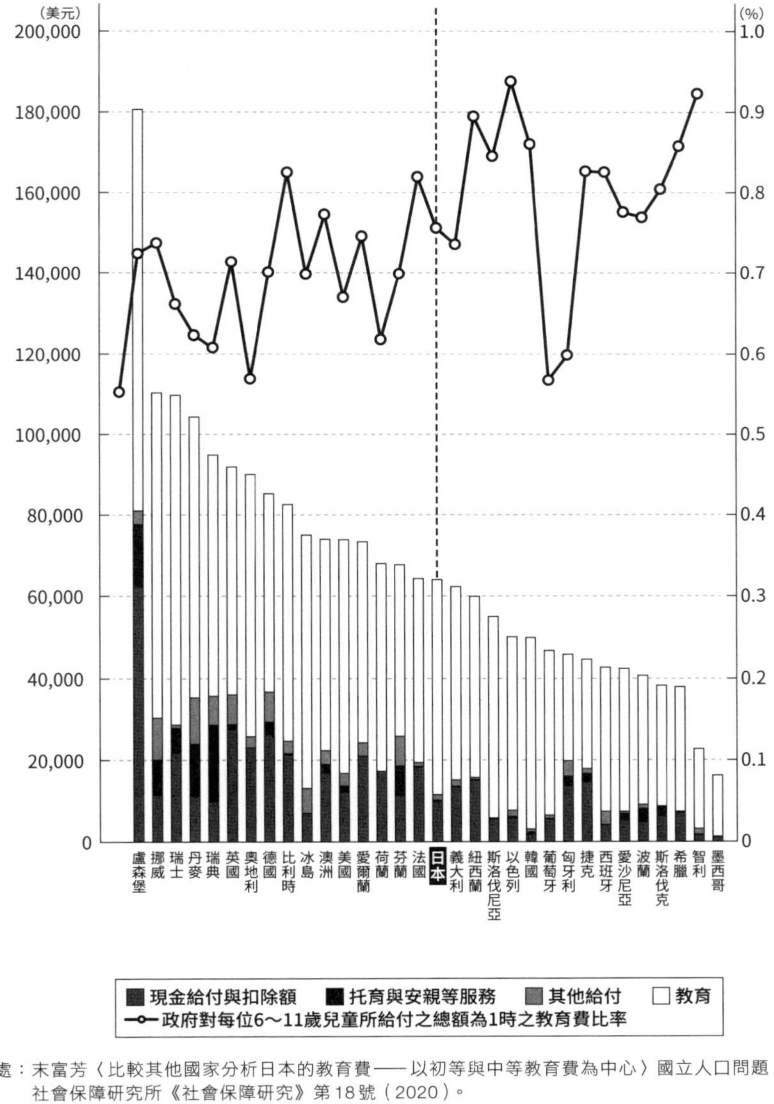

出處：末富芳〈比較其他國家分析日本的教育費——以初等與中等教育費為中心〉國立人口問題社會保障研究所《社會保障研究》第18號（2020）。

圖 1-13　40～49 歲男性，有配偶（雙薪家庭），育有 2 名子女收入級距別的福利與負擔

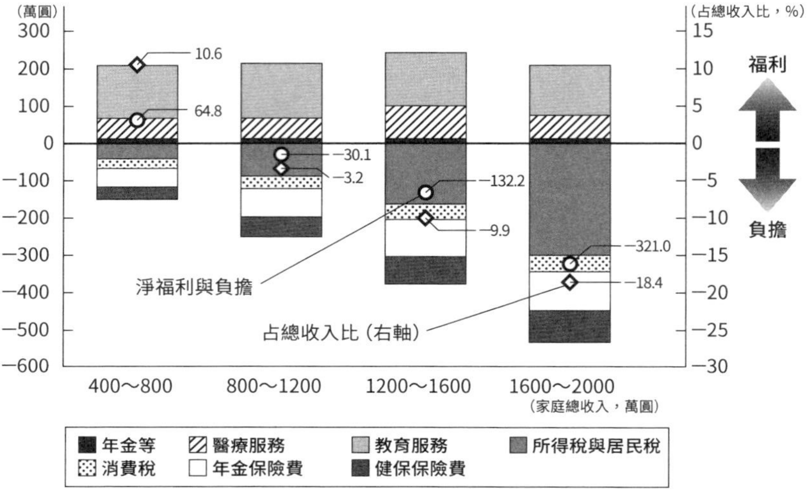

出處：內閣府《因稅賦與社會保險等所帶來的福利與負擔》5頁（2015）。

辛苦工作、納稅外，既沒有教育福利，也不再有兒童津貼，生孩子只會讓生活日益艱苦。這不僅是低所得與單親家庭面臨的問題，中高所得家庭也陷入同樣田地——這正是最真實的日本，一個真真切切的育兒懲罰大國。

收入屬於中高階層，並不代表育兒生活就過得很輕鬆。如前所述，年收入九百一十萬以上的家庭無法享有高中免學費福利，年收入超過一千萬的家庭，若孩子是大學生則不能向學生支援機構申請學貸。這些家長在子女國中小學階段便將兒童津貼存下來，留待就讀高中、大學或職校時用於繳交學費。一旦連兒童津貼都廢除，代表許多孩子可能因為家裡資金不足，影響未來的升學。

此外，高所得家庭也可能因為家人需要長照、經商需要周轉金而家計吃緊。家人生病需要支付高昂的醫藥費，或受到經濟虐待等生活窘困者也不在少數。

倘若不得不減少兒童津貼，至少應當先廢除所有教育相關的排富條款。具體而言，廢除高中入學援助制度當中免費教育的所得限制；大幅放寬高中生獎學金與大學、職業學校免學費的所得限制，以及廢除學生支援機構有關學貸的所得限制。不先做到這幾點，會造成眾多青少年失學，對培育本國人才造成負面影響。

來到本章尾聲，我再次強調不該根據家長的收入來「區分」對孩子的補助。

1 內閣府（二〇一七）〈男性生活與心態改革之課題與方法～開拓未來，男性參與家事與育兒～〉四頁〈https://www.gender.go.jp/kaigi/senmon/kurashikata_ishikihenkaku/pdf/0310houkoku_i.pdf〉。

2 末富芳（二〇一一）〈大學生家長的教育費負擔─家長負擔潛規則的現狀與未來─〉家計經濟研究所《季刊家計經濟研究　第九十一號》三三～四〇頁〈http://kakeiken.jp/old_kakeiken/jp/journal/jjrhe/pdf/91/091_04.pdf〉。

3 〈（獨家報導）考慮廢除特例給付　用於解決托育設施不足〉《產經新聞》（二〇二〇年十一月六日）〈https://www.sankei.com/article/20201106-LANFIUTU7ZP27N54FKJNWSXZCQ〉。

4 〈討論廢除特例給付　用於解決托育設施不足問題〉《日本經濟新聞》（二〇二一年二月二日）〈https://www.nikkei.com/article/DGXZQODE018DQ0R00C21A2000000〉。

5 立憲民主黨（二〇二一）「【眾院本會議】大西健介議員《新冠疫情期間為何刪減兒童津貼？》兒童與育兒援助法案」。

6 內閣府（二〇二一）〈《兒童與育兒援助法》及《兒童津貼法》部分修正法案概要〉六頁〈https://www.cao.go.jp/houan/pdf/204/204_2gaiyou.pdf〉。

7 內閣府〈兒童貧困狀態〉（二〇二〇年九月二十八日　第十六次兒童貧困對策學者專家會議　資料1-2）〈https://www8.cao.go.jp/kodomonohinkon/yuushikisya/k_16/pdf/s1-2.pdf〉。

8 阿部彩（二〇二一）「相對貧困率動態：根據二〇一九年國民生活基礎調查」三六～三七頁〈https://www.hinkonstat.net〉。

9 財務省財務制度等審議會之財政制度分科會〈資料　關於社會保障①（總論、醫療、兒童、育兒、僱用）〉四六頁（二〇二〇年十月八日）〈https://www.mof.go.jp/about_mof/councils/fiscal_system_council/sub-of_fiscal_system/proceedings/material/zaiseia20201008/02.pdf〉。

10 大澤真理（二〇一五）〈日本社福政策懲罰就業與育兒〉日本家庭社會學會《家庭社會學研究　第二十七卷第一號》二四～三五頁。

阿部彩（二〇〇八）〈兒童貧困─思考日本的不公平─〉岩波新書。

11 例如我在二〇二〇年九月二十八日第十六次兒童貧困對策學者專家會議提出的資料，第一項要求便是「增加低所得家庭的兒童津貼與育兒津貼，放寬所得限制」。

末富芳（二〇二〇）〈意見書　擴大新冠肺炎流行長期化所需之兒童與青少年援助〉一頁〈https://www8.cao.go.jp/kodomonohinkon/yuushikisya/k_16/pdf/ref4〉。

12 內閣府〈兒童貧困狀態〉（二〇二〇年九月二十八日　第十六次兒童貧困對策學者專家會議　資料1-2）〈https://www8.cao.go.jp/kodomonohinkon/yuushikisya/k_16/pdf/s1-2.pdf〉。

13 公益財團法人US NOVA（二〇一八）《兒童的生活與新生　一千五百人問卷調查最終報告～面對每個人的生活與新生～》六頁。US NOVA是發放貧困家庭兒童給付金的公益財團法人，他們針對領取對象進行問卷調查，收到「給付金之所以發揮功效，在於不限制監護人和兒童如何使用」的回饋，得出結論為「儘管咸認兒童的貧困對策沒有特效藥，但不限用途、配合多種需求的現金給付可說是解決貧困的『萬靈丹』」〈https://www.usnova.org/wp-content/uploads/2018/06/report_180615.pdf〉。

14 財務省財務制度等審議會之財政制度分科會〈資料　關於社會保障①〉（總論、醫療、兒童、育兒，僱用）五三頁（二〇二〇年十月八日）〈https://www.mof.go.jp/about_mof/councils/fiscal_system_council/sub-of_fiscal_system/proceedings/material/zaiseia20201008/02.pdf〉。

15 文部科學省《二〇二〇年四月起私立高中實際免學費》手冊〈https://www.mext.go.jp/content/20200117-mxt_shuugaku01-1418201_1.pdf〉。

16 青木榮一（二〇二一）《文部科學省—風雨飄搖的日本教育與學術》中公新書　一三八頁。

17 末富芳（二〇二〇）〈比較其他國家分析日本的教育費—以初等與中等教育費為中心〉國立人口問題社會保障研究所《社會保障研究　第十八號》三〇一～三一二頁〈https://www.ipss.go.jp/syoushika/bunken/data/pdf/sh20120104.dpf〉。

18 內閣府（二〇一五）《稅賦與社會保險帶來的福利與負擔》五頁〈https://www5.cao.go.jp/keizai3/jueki_futan/0929jueki_futan.pdf〉。

第二章【櫻井啓太】

育兒懲罰與兒童貧困

「子育て罰」と子どもの貧困

2.1 為什麼 Child Penalty 譯為「育兒懲罰」？

我是櫻井啟太，從末富老師手上接棒，負責撰寫第二章。我的研究領域是貧困問題與社會福利制度。末富老師說我創造了「育兒懲罰」（子育て罰）一詞，不過我不太想當提案人。該詞原本是經濟學與社會學的學術用語「Child Penalty」，通常意指：

①兼顧育兒和工作的職場媽媽，與沒有子女的女性兩者間的薪資落差，又稱「母職懲罰」（Motherhood Penalty）。

國外是從二〇〇〇年，尤其是二〇一〇年代後期積極研究育兒懲罰，日本幾乎未曾提及此現象。以下引用日本罕見的相關研究——社會政策學者大澤真理教授的論文：

②日本的所得再分配政策（課稅、社福制度等）對育兒家庭無法發揮作用，甚至造成情況惡化，導致「就業與育兒受到懲罰」[1]。

至於本書的定義則如同末富老師在第一章所言，進一步擴大解釋為：

③在各種場面，彷彿懲罰育兒行為之政策制度、社會風俗、民眾意識。

◆我對育兒懲罰的想法

育兒懲罰原本的意思是①與②，但我刻意不譯為「兒童懲罰」，而是翻作「育兒懲罰」，其中一個理由是對日本解決兒童貧困問題表達強烈不滿。

日本社會認知到兒童貧困屬於社會問題與政策課題，已經過了十年，想到過去曾有政治家說過「日本沒有真正的貧困」，簡直恍如隔世。

至今，媒體報導過許多「可憐的孩子」，以及第一線人員為了解決貧困問題而熱血奮鬥的模樣。採訪貧困案例與介紹可能有效的協助方式都是很有意義的行為，但身為研究貧困與社會福利的學者，在我看來，絕大多數貧困問題都是政府的不作為與社會的責任，這點卻乏人追究。不僅是貧困問題，所有育兒政策也淨是高喊「支持育兒家庭」的口號，完全沒有意識到政府和社會其實是加害者，種種行為都在扯這些家庭的後腿。

翻作「育兒懲罰」的優點在於，將懲罰方的責任與受罰方的被害情況可視化。造就懲罰的多半是政策、整體社會，以及所有人的價值觀。

我知道這麼翻譯可能造成誤會，但我之所以仍選擇這個譯法，是希望大家擺脫過往拯救某個陷入貧困可憐人的觀念，轉為討論「施以懲罰的是誰」、「遭受懲罰的又是誰」等實際存在的歧視與不平等，進而思考如何建立沒有不利與懲罰的社會。

◆「兒童貧困」一詞背後隱藏的問題

我堅持譯為「育兒懲罰」還有一個用意。我認為討論這類問題時，應當從「育兒」的角度，而非單獨討論「兒童」（所謂育兒不限定是有血緣的家長）。

「兒童貧困率」常受人熱議，原因大多是育兒家庭貧困（當然也不能忽略兒童教養機構等團體）。但日本的兒童貧困率統計方式卻十分詭異，首先以家庭收入計算貧困狀態，再單獨取出兒童來計算。兒童多半沒有收入，不可能只有小孩單獨陷入貧困，所以兒童貧困的背後在於成人也貧困，沒有足夠收入養育兒童。之所以沒有足夠收入，在於社會結構容易導致育兒家庭陷入貧困。所以，兒童貧困是大環境對家長與監護人不利，或是排除這些人所造成的結果（育兒懲罰），而後果顯現在兒童身上。因此，**育兒懲罰是補足兒童貧困的概念**。

但育兒懲罰一詞也有其危險性。有些聲音反對使用「懲罰」這種說法，認為可能帶有歧視。此外，從育兒觀點來討論，要是因此忽略了兒童是獨立的個體，並非他人的所屬物，那就本末倒置了。因此，期盼追加新觀點能有效減低兒童貧困議題的困難與不利，同時維護過去所討論的成果。

開頭花費一些篇幅解釋，其實本章的用意是想從貼近育兒懲罰原本的觀點（①與②，對薪資與家庭所得的影響）來介紹國際相關討論，與大家分享育兒懲罰會導致兒童貧困，而消弭育兒懲罰才能有效解決兒童貧困。

2.2 與兒童貧困的關聯

為什麼育兒懲罰與兒童貧困有關呢？重要前提在於，制度與政策對貧困問題是水能載舟，亦能覆舟。國家與社會明明可以有效減輕貧困卻反倒使其惡化，便是很清楚的育兒懲罰。

這裡稍微補充一下何謂貧困。陷入貧困的理由包括失去工作的「失業」、年齡增長而無法工作的「高齡」、生病或受傷的「傷病」，以及離婚、喪偶、未婚生子等「分離死別」都是主因。

以單親家庭來說，因為是由一名家長負責工作與育兒，與雙親家庭相比，貧困風險較高。單親家庭當中，單親媽媽又容易受到男女同工不同酬與僱用型態有別所影響，更容易落入貧困的風險[2]。但我要提醒大家，貧困風險不過是「風險」，可能升高也可能下降。具體而言，受到勞動環境、社會福利制度，以及家庭政策大幅左右。

假設有個單親家庭是一名成年人A獨自養育子女。A所居住的國家（地區）提供免費或價廉的公立托育服務，無須擔心費用。工作符合尊嚴勞動，能獲得足以生活的薪資，也幾乎不用加班。政府嚴禁男女同工不同酬，育兒也絕不影響待遇或升遷。兒童津貼（針對兒童發放現金的制度）非常豐富，能補貼育兒所需的諸多費用。不僅如此，育兒家庭可以住在高CP值的國宅，選擇一般住宅的家庭則可以獲得居住津貼。義務教育也是完全免費，更無須另行支付營養午餐費、教材費等有的沒的費用。倘若孩子有意願，也能免費就讀大學或職校。當然也無須支付兒童的醫療費。

在A的國家，單親家庭並不稀奇，A在生活上也不曾因為單親感到不利。當身處在將生活中所有風險分散到整個社會的環境，「單親」導致的貧困風險自然消失無蹤。

接下來思考與A完全相反的例子：托育服務昂貴或名額不足，必須長期等待才可能排得到；加班和工時長是理所當然；企業嚴重歧視女性與需要育兒的員工；非典型就業與正職員工的薪資差距顯著；要是沒在畢業前找到工作便難以就職；兒童津貼微乎其微，教育費用卻有如天價，育兒家庭幾乎無法享有任何課稅減免——這樣的社會別說是單親家庭的風險高，育兒本身就是一種懲罰。

2.3 日本單親家庭是窮忙族

一個人是否陷入貧困，有相當程度受政府、社會制度與文化所影響。當造成個人貧困的主因藉由制度與政策分散，由整個社會來承擔稱為「貧困風險社會化」，學術用語是「去商品化」(Decommodification) 或「去家庭化」(Defamilisation)。

關於貧困風險社會化，有些國家成功，有些國家失敗。工作環境（僱用文化）、課稅與社福制度，以及家庭政策都是根據各個國家與地區的歷史所發展而成的結果，因此沒有所有國家都適用的完美制度與政策。由於初始條件千差萬別，某個國家有效降低貧困的政策並不代表到了其他國家一定能發揮效果。

經濟合作暨發展組織（OECD）在二〇一八年十月的工作底稿〈Child poverty in the OECD〉[3]中恰巧提出每個國家的模擬研究，針對何種社會政策能有效減輕兒童貧困提出指引。以下著眼日本的情況，以該研究為本來介紹[4]。

針對解決單親家庭貧困的社會政策，工作底稿預想了兩種情況。第一種是消弭失業，也就是「提升就業率」（※輔導就業）。「解決貧困最好的方法是工作」應該是大多數人最容易想到的方案。

另一種情況是「消除育兒懲罰」，也就是藉由政策解除育兒造成的不利，大家可能沒辦法馬上具體想到是何種情況。研究結果已經顯示，相較於無須育兒的女性，職場媽媽的薪資明顯下降，我們實際在生活中也感受得到這種現象。收入減少的理由因人而異，該研究預想的結果是成功填補「育兒的成年人（家長）」與「無須育兒的成年人」雙方的薪資差距。

①提升就業率

首先鎖定「提升就業率」政策成功的案例，也就是模擬所有單親家庭都找到工作時，貧困率會出現何種變化（圖2-1），以此推測家長就業對兒童貧困率的影響。長條圖顯示經濟合作暨發展組織的三十四個會員國的單親家庭貧困率，每個國家上方的長條代表單親家庭目前的相對貧困率，下方的長條則是模擬後，也就是假設所有原本沒有工作的單親家庭都就業後的推測貧困率。

首先引人注意的是，日本單親家庭貧困率竟然如此之高，會員國當中只有日本超過五成（五四・七％），可說是單親貧困大國。

值得矚目的是下方的長條，也就是模擬後的結果。所有會員國的模擬結果都是大幅改善（嚴格來說只有冰島並未改變），就連貧困率最低的丹麥（七・六％）也有所改善（四・三％），最明顯的則是澳洲，從四二・五％降到一七・七％。各國平均改善了一〇・六％，所以研究結論為「改善單親家庭的就業情況能有效大幅降低貧困率」。

圖 2-1　勞動政策對單親家庭貧困率的影響
（提升就業率的模擬情況）

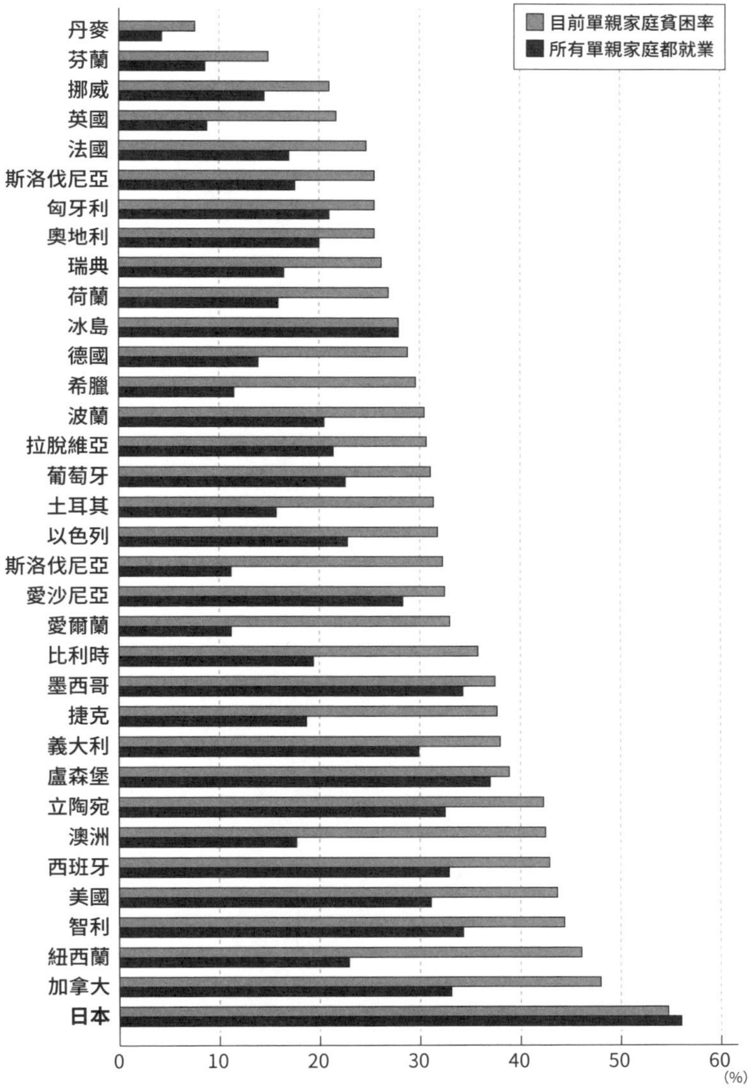

出處：櫻井根據Thévenon, O. et al.（2018）p.71 Table 5所製表。

＊原本資料是根據 OECD Income Distribution Database模擬的結果（圖2-2、2-4、2-5皆同）。

◆工作無法改善貧窮的奇怪國家——日本

但所有會員國當中，唯一不符合這個結論的就是日本。模擬日本所有單親家庭都就業，結果貧困率不減反增（五四．七%↓五六%）。在日本，工作不但無法改善貧窮，還更加惡化，為什麼會發生這種事呢？

答案很簡單，因為日本的單親家庭已經很努力工作了。而且日本貧困的根本原因不在於不工作，而是工作了還是很窮，人人都是窮忙族（把失業家庭替換成就業家庭，更是凸顯這種情況）。這種國家即使傾力執行輔導就業政策，也只是把所有原本就窮的人變得又忙又窮。

②消除育兒懲罰

接下來是解決單親家庭遭受的「育兒懲罰」後的模擬結果（圖2-2）[5]。每個國家上方的長條代表目前貧困率，下方則是消除育兒懲罰後的推測貧困率。

圖 2-2　勞動政策對單親家庭貧困率的影響
（消除育兒懲罰的模擬情況）

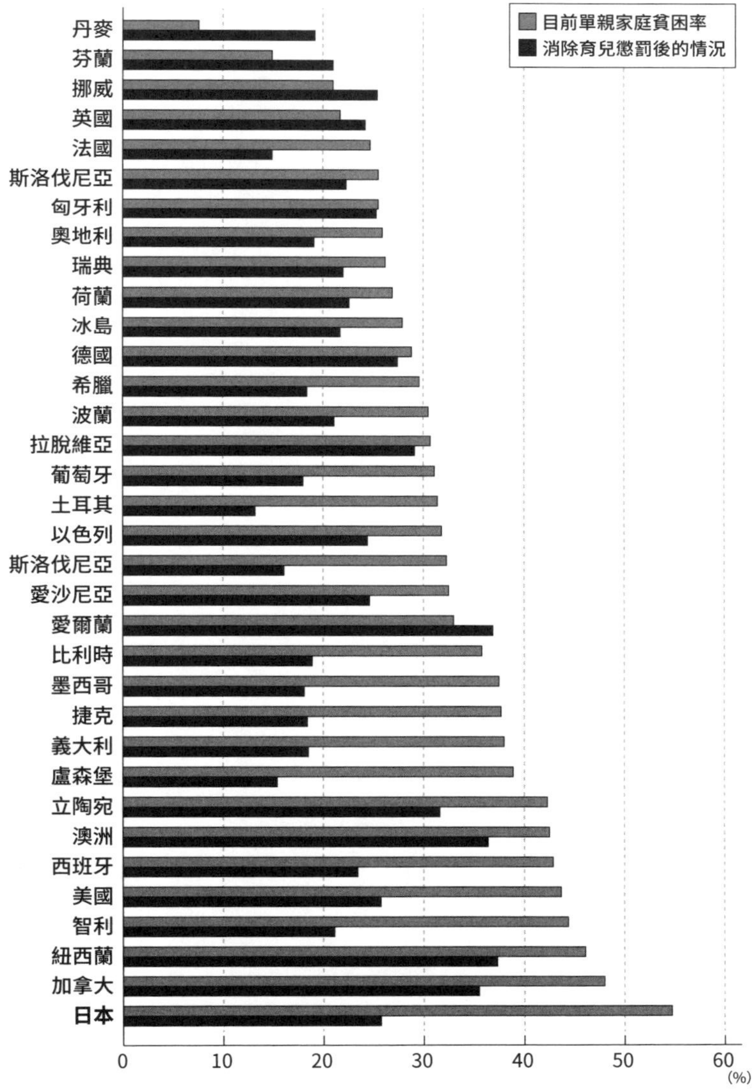

出處：櫻井根據 Thévenon, O. et al.（2018）p.71 Table 5製表。

結果顯示，消除育兒懲罰後，日本單親家庭貧困率從五四・七%下降到二五・七%，下降幅度高達將近三成之多的只有日本。其他貧困率偏高的國家（下半部國家）也都出現明顯改善，例如盧森堡從三八・九%降到一五・四%、智利從四四・四%降至二一・一%，代表這些國家貧困率惡化的起因正是育兒懲罰（貧困率高的國家＝育兒懲罰嚴重的國家）。這張表可說是如實呈現出育兒懲罰導致單親家庭貧窮的程度。

與上一節所有單親家庭都就業的模擬結果相同，幾乎所有國家都顯示消除育兒懲罰能有效改善貧困率。不過仔細觀察卻發現，在丹麥、芬蘭、挪威、英國以及愛爾蘭，消除育兒懲罰後的推測貧困率（下方長條）居然高於目前的貧困率（例如丹麥從七・六%升到一九・二%，芬蘭從一四・九%升至二一%），這究竟是怎麼一回事呢？

理由是，這幾個屬於高社福國家，早已改善歧視育兒家庭的薪資與僱用制度，同時藉由充分的課稅與社福制度來補償。家庭與托育政策也十分重要，例如挪威在二〇〇二年前缺乏一到兩歲幼兒的托育設施；之後進行大規模改革，提高托育設施補助金，迅速增加托育名額，結果母親的薪資因而提升。研究結果也顯示早期托育每多一年，育兒懲罰約減少二五％[6]。

這些國家的現況是，比起沒有子女的家庭，有子女的家庭貧困風險更低，因此參考無須育兒的家庭所得與薪資情況來彌補落差，反而導致貧困率提高。換句話說，這些國家根本沒有育兒懲罰，甚至可說是「育兒紅利」。由此可知，人民的生活與貧困源自制度、政策等社會結構。

◆是輔導就業有效？還是消除育兒懲罰有效？

由模擬情況①和②可知，解決兒童貧困的有效政策究竟是「協助找工作」（輔導就業）還是「消除育兒懲罰」，依國家而異。

經濟合作暨發展組織的三十四個會員國中，基本上兩種政策都有效，「提升就業率」特別有效的共十八國（愛爾蘭與澳洲等），「消除育兒懲罰」特別有效的共十六國（日本與盧森堡等）（圖2-3）。

圖 2-3　有效解決兒童貧困的政策

「提升就業率」特別有效的國家	「消除育兒懲罰」特別有效的國家
愛爾蘭、澳洲、英國、丹麥、紐西蘭、德國、芬蘭、挪威、拉脫維亞、匈牙利、希臘、荷蘭、瑞典、斯洛伐克、加拿大、以色列、斯洛伐尼亞、波蘭。	**日本**、盧森堡、墨西哥、智利、義大利、西班牙、冰島、美國、葡萄牙、愛沙尼亞、土耳其、法國、奧地利、立陶宛、比利時、捷克。

出處：櫻井根據 Thévenon, O. et al.（2018）p.71 Table 5所製表。

◆雙親家庭的兒童貧困率不容小覷

更進一步探究經濟合作暨發展組織工作底稿的研究結果，圖2-4為所有育兒家庭的兒童貧困率之模擬分析。

表格的①行顯示目前的兒童貧困率，日本為一五．一%（這是二〇一二年的資料，二〇一八年已經改善到一三．五%），雖然數字不至於像單親家庭貧困率占所有會員國第一位，但在三十四國中也是屬於中下程度（平均為一一．八%）。

表格的⑥行顯示執行「提升就業率」政策，也就是所有單親家庭都就業、雙

圖 2-4　勞動政策對於育兒家庭貧困率的影響（多種情況）

	① 目前 貧困率	⑥ 所有育兒 家庭都就業	⑦ 消除單親家庭 的育兒懲罰	⑧ 消除雙親家庭 的育兒懲罰
丹麥	2.4	1.0	3.0	4.1
芬蘭	3.2	1.6	3.8	3.8
挪威	6.2	3.0	6.8	5.3
冰島	6.3	5.0	5.6	5.2
匈牙利	6.7	2.8	6.7	4.5
瑞典	7.5	3.5	7.0	5.1
愛爾蘭	8.2	1.7	8.6	8.0
荷蘭	8.3	3.3	7.9	5.6
捷克	8.4	2.6	7.1	4.6
德國	8.4	2.9	8.2	7.7
奧地利	9.0	3.9	8.6	6.0
法國	9.2	4.9	7.5	8.2
比利時	9.7	2.9	8.3	5.9
盧森堡	9.7	4.8	8.2	5.7
拉脫維亞	10.0	5.5	9.9	8.0
英國	10.5	3.4	10.9	8.8
斯洛伐尼亞	10.7	3.2	10.5	7.5
愛沙尼亞	10.9	5.7	10.3	8.1
澳洲	11.3	2.8	10.8	9.7
紐西蘭	11.3	5.1	10.4	11.8
波蘭	11.5	5.1	11.3	5.9
斯洛伐克	12.4	3.8	12.0	3.7
葡萄牙	14.1	4.6	13.2	7.4
加拿大	14.7	7.6	14.0	10.7
日本	**15.1**	**14.1**	**13.3**	**14.6**
立陶宛	16.0	8.6	14.9	9.8
墨西哥	17.1	10.9	16.1	12.0
美國	17.2	7.8	15.2	13.6
義大利	17.6	7.6	16.4	10.1
智利	18.6	7.4	16.7	12.0
希臘	18.6	6.7	18.3	11.2
以色列	20.1	5.6	19.9	8.7
西班牙	20.2	11.4	19.2	12.8
土耳其	21.4	13.4	21.2	5.3
OECD 平均	11.8	5.4	11.2	8.0

出處：櫻井根據 Thévenon, O. et al.（2018）p.71 Table 5 修改部分所製表。

親家庭皆雙薪的模擬結果（⑧所有育兒家庭的家長都工作）。⑦行與⑧行則是「消除育兒懲罰」的模擬結果，⑦行顯示單親家庭的結果，⑧行顯示雙親家庭的結果（嚴格來說，單親、雙親家庭貧困率，與沒有子女的單身家庭、頂客家庭相同）。此外，本表省略②至⑤的結果。

觀察日本的數字可發現「提升就業率」雖然對單親家庭無效，但對育兒的雙薪家庭（⑥）則發揮作用，不過成效只有一％（①一五・一％降到⑥一四・一％），在所有會員國中成效最薄弱（平均減少六・四％）。

至於⑦「消除單親家庭的育兒懲罰」之模擬結果，對降低整體兒童貧困率的效果為一・八％（①一五・一％下降到⑦一三・三％）。在這個項目，日本繼美國（①一七・二％降至⑦一五・二％，下降二％）與智利（①一八・六％降到⑦一六・七％，下降一・九％），是改善幅度第三大的國家。

⑥「所有育兒家庭都就業」在各國都是最為有效，只有日本是⑦「消除單親家庭的育兒懲罰」才能有效減輕貧困狀況（圖2-5）。單親家庭的子女人數遠少於雙親家庭，所以一般不會出現這種情況。一半以上單親家庭陷入貧困是日本獨有的現

圖 2-5　勞動政策對單親家庭貧困率的影響
（提升就業率與消除育兒懲罰）

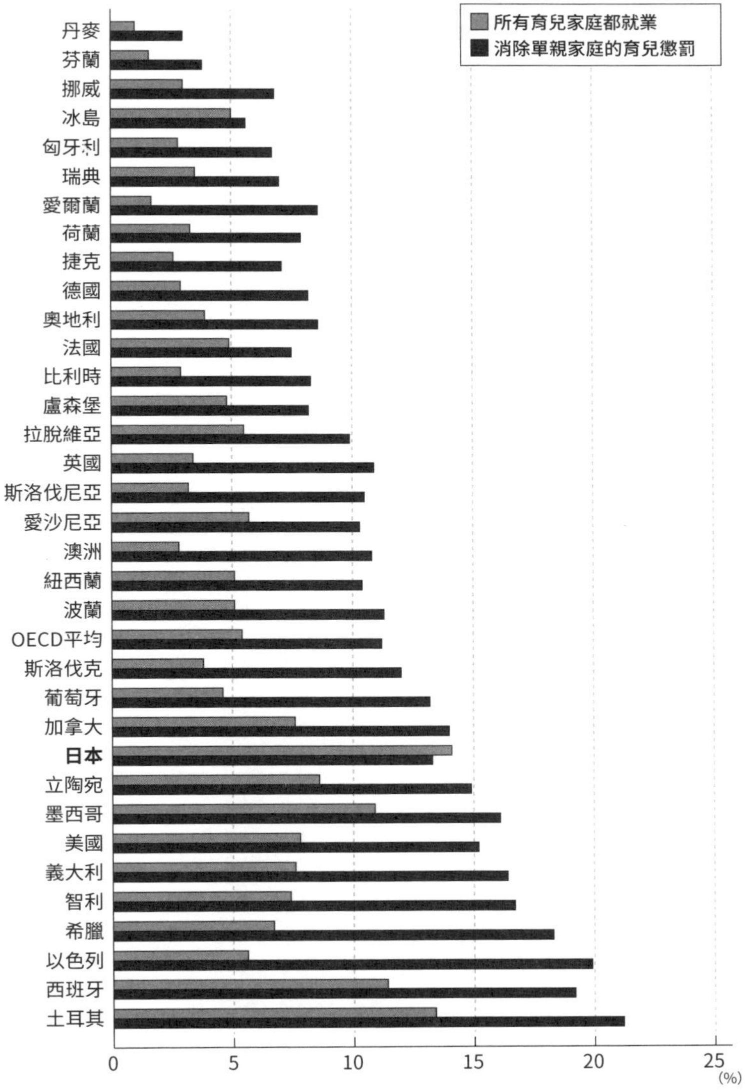

出處：櫻井根據 Thévenon, O. et al.（2018）p.71 Table 5所製表。

象，也可說日本單親家庭面臨的貧困問題格外嚴重。消除單親家庭的育兒懲罰能有效減輕所有兒童的貧困率，意味著日本處於格外奇特的狀態。

一連串的模擬結果顯示，日本政府與其讓沒有工作的家長去上班，更重要的是消除育兒家庭（尤其是單親家庭）遭遇的社會不利，建立公平的社會結構，但政府卻坐視不管。「解決貧困問題的最好方法是工作」適用於個人情況。單親媽媽努力工作，改善家中貧困的故事容易為人接受，大家聽了也想為她們打氣，但現實情況是努力工作仍舊無法改善生活。

就國家等級的宏觀勞動政策而言，輔導就業能有效改善貧困為「真」的前提是，大環境必須是「工作了就不會窮」。但在日本這個國家，工作無法改善生活，甚至還會惡化，根本不是輔導就業能有效改善貧困的「普通」國家。

◆日本政策方向完全相反

日本這個工作無法改善貧困的奇特國家，從二十年前開始採用更加逼迫單親家庭就業的工作福利政策（Workfare，結合工作［work］與福利［welfare］的新名詞）。二〇〇二年發表「單親母親家庭等援助自立對策綱要」，以「輔導就業，提升自立」的標語，嚴格審查現金補助（實則調降補助金額）與強化輔導就業成為配套[7]。

日本的貧困政策十分神奇，評鑑重視的是過程投入多少預算與人員，而非結果，例如職業介紹所介紹了多少工作件數、輔導件數是否增加等。過程當然很重要，但單親家庭所得與貧困率是否具體改善、相關益處和福利為何等結果並未受到重視。即使輔導件數增加，無法改善貧困便毫無意義。

日本解決貧困問題的做法，一向是將重心放在輔導就業與提升自立，明明貧困的根本原因與是否就業毫無相干。日本這種「工作還是很窮」、「愈工作愈窮」的現象也讓輿論愈來愈失焦，導致「不工作的人很狡猾」等言論滿天飛，這是所謂的「社會補助抨擊」[8]。這股抨擊風潮促使政府廢除母子津貼（民主黨執政時恢復）；又因輿論批判生活補助津貼高於最低薪資，結果大幅調降給付金額。

利用就業的窮人，抨擊領取補助的無業者——這種輿論看在想要切割社會福利的政府眼裡，沒有比這更方便的理由了。畢竟不用做任何事，這些人就會互相憎恨，正巧可以用來隱蔽政府的不作為。

儘管領取補助的人比起有工作的窮人生活好一點，但抨擊領取的人且減少給付金額，無法解決窮忙族的困境，不過是雙方一同陷入泥沼，無法動彈。

2.4 誰才是真正的懶鬼？

想要解決日本的貧困問題，真正有效的辦法是消除育兒懲罰，而不是堅持輔導就業。政府該做的第一件事是，一一調查大環境中對育兒不利的情況並加以消滅。

輔導就業本身不是壞事，但必須在工作真的能擺脫窮困的國家才能發揮效果（所以尊嚴勞動的概念相當重要）。不先滿足勞動的最低條件，修正異常狀態，所謂的輔導就業不過是帶領窮人成為窮忙族罷了[9]。政府長期逃避現實，導致單親家庭至今不得不承受政府怠惰的後果。

誰才是真正怠惰的一方，又是誰才真正依賴對方？

本章針對提升就業率與消除育兒懲罰，比較了各國的社福政策，提出減輕兒童貧困的對策。我要再次強調，大環境可以改善貧困，所以政府的角色格外重要。

打造工作者不因性別或育兒受到歧視的僱用環境，改善非典型就業與正職員工的薪資差距（同工同酬）；推出住宅政策，提供高品質的國宅與住宅津貼；提出托育政策，建立得以安心托兒的托育設施；最重要的是，完善的社福制度保障所有人無論工作與否都不會陷入貧困；其他還有課稅制度、家庭政策等等。

解決貧困問題需要綜合性政策，現在的日本無論哪一種都單薄貧乏。第一步應該是改變導致貧困的社會結構。

◆改變工作方式，減輕育兒懲罰

本章最後想提出另一個重要觀點：改善貧困與育兒懲罰，需要的不僅是政府施力，「我們」每一個成年人也都有責任。

如同本章開頭所言，育兒懲罰原是經濟學術語，用來說明母親與非母親之間的薪資差異現象。薪資差異不單受政策左右，政策以外的因素——社會風俗與民眾意識的影響更大。例如日本公司習慣加班與工時長，便足以成為嚴重的育兒懲罰，其他還有傍晚五點召開會議、下班後聚餐，需要照顧小孩的員工幾乎不可能配合，也成為他們放棄擔任重要專案負責人與管理職的主因，這種情況又稱「媽媽軌道」(Mommy Track)。

能配合這種工作型態的，其實是少數擁有「某種特權」的幸運兒，包括「太太是家庭主婦」、「父母恰好住在附近，能幫忙看小孩」，或是「財力雄厚得以僱用保母」、「體力優越」。反之，缺乏這些特權的人便排除在外。

這種工作型態與眾人的日常交錯而成育兒懲罰的社會，而這種社會間接導致難以擺脫貧困。這種工作型態對女性員工尤其不利，相信大家稍微想像一下便能明白對於沒有娘家後援的單親媽媽而言，根本無法配合。

因此，忽略育兒懲罰的其實不單單只是政府，也包括我們每一個人。我們可能在不知不覺因為自己（與所屬組織）的工作方式，成為育兒懲罰的共犯。肉眼不可見的成本在這種情況下由弱勢族群承擔，社會卻免費享受弱勢族群養育的兒童成為下個世代的勞動力。

但是，眾人意識和政策制度相同，是有辦法改變的。工作型態是反映社會現況的鏡子。希望大家一起思考沒有育兒懲罰的社會與我們應有的態度[10]。

本章內容為大幅修改二〇一九年刊登於網站「SYNODOS」的〈承受「育兒懲罰」的國家——日本單親家庭與貧困〉。

---

1 大澤真理（二〇一五）〈日本社福政策懲罰就業與育兒〉《家庭社會學研究　第二十七卷第一號》二四～二五頁。該論文比較各國消除貧困的比率，證明日本的課稅與社福制度無法有效減輕貧困（負功能），得出「育兒家庭工作到極限，還因課稅與社福制度遭受懲罰」（三三頁）的結論。

2 「〇〇貧困」這種分類並鎖定群體的手法非常危險。強調特定族群的貧困，會導致眾人看不見其他貧困。（例如「兒童貧困」掩飾了「家長貧困」）。本章雖然特別介紹「單親（單親媽媽）貧困」，但單親父親與養育者為父母以外的家庭也面臨一樣的問題。此外，日本單親家庭經濟狀況最為窘困，但並不代表雙親家庭（的子女）能高枕無憂。單純從人數考量，兒童貧困當中以雙親家庭的子女占大多數（阿部彩、鈴木大介［二〇一八］《無法解決貧困問題的國家　日本》PHP新書三五～四〇頁）。本章的目的之一是針對兒童貧困提出育兒懲罰的概念，期待能因此跨越將貧困分類的弊害。

3 Thévenon, O. et al.（2018）, Child poverty in the OECD: Trends, determinants and policies to tackle it, *OECD Social, Employment and Migration Working Papers*, No.218, OECD Publishing, Paris.〈https://doi.org/10.1787/c69de229-en〉.

4 參考Ibid., pp.66-72,〈4.2 Raising parental employment: what effect on child poverty?〉。

5 關於窮忙族分析是為了引導出育兒懲罰的結論，模擬了育兒家庭與無子女家庭（單親家庭、單身家庭、雙親家庭、頂客家庭等）的貧困率。請務必留意模擬結果為推測得出，並未考慮沒有工作的家庭在就業後整體貧窮門檻可能變動，以及目前無業者在屬性上的不利（教育水準與技能）。情況①的模擬結果亦同（Ibid.　六六～六七頁）。

6 Andresen, M. E., & Nix, E.（2019）. What causes the Child Penalty? Evidence from same sex couples and policy reforms. Discussion Papers, No.902, Statistics Norway, Research Department, Oslo.

7 櫻井啟太（二〇一五）〈單親媽媽家庭的貧困與援助政策〉埋僑孝文、大鹽真由美、居神浩編著《思考兒童的貧困／不利／困難——關於社會補助的政策支援》Minerva書房。

8 櫻井啟太（二〇二〇）〈批判依賴社福的生活補助抨擊與推動自立援助〉廣瀨義德與櫻井啟太編（二〇二〇）《強迫自立的社會》Impact出版會。

9 櫻井啟太（二〇一七）《探討「自立支援」的社會救助——生活救助、最低薪資、窮忙族》法律文化社第一章。

10 廣瀨義德與櫻井啟太編（二〇二〇）《強迫自立的社會》Impact出版會。本書深入探討強求眾人自立的社會與社會大眾應具備的態度。

column

新冠肺炎導致育兒懲罰惡化

櫻井啓太

二〇一九年十二月，第一名新冠肺炎患者確診以來，疫情徹底改變了所有人的生活。日本在二〇二〇年一月發現第一起病例，經歷了數次政府發布緊急事態宣言，大人小孩都深受影響。

病毒大爆發與地震、颱風等天災，其實對每個人的影響「並不平等」。例如美國新冠肺炎患者與死者人數隨著病人是白人還是黑人、西班牙裔、亞裔，出現倍數等級的差異。歧視人種的自然不是病毒，而是因為後者往往從事服務業等感染風險高的工作，又住在人口密集的地區，面對社會經濟的不平等。生活窘困的人沒有餘力待在家裡躲避疫情，只得接受感染的風險。

日本也是一樣，新冠疫情對「女性」的影響尤其嚴重。非典型就業的女性者眾，被迫面對失業與無薪假等就業環境惡化，又稱「女性的不景氣」。不僅如此，疫情讓人對生活感到不安、必須避免外出等影響都反映在女性遭受家暴，家暴諮詢案件明顯增加。

研究結果也發現疫情對育兒家庭有所影響。東京大學山口慎太郎教授的研究團隊以有子女的已婚女性與無子女的已婚女性為對象，研究「新冠疫情對育兒女性的影響」[1]，鎖定二〇二〇年三月政府宣布全國高中與國中小同時停課的時期，利用國家基礎調查（勞動力調查）的去識別調查結果來分析「疫情影響」與「停課影響」。

結果顯示，有子女的已婚女性受到強烈的負面影響，例如就業率與勞動參與率下降、停工率上升。如圖2-6與2-7所示，相較於無子女的已婚女性，有子女的已婚女性就業率下降，成為非勞動力[2]的比率上升。疫情導致被迫休無薪假或離職，主要受影響的都是育兒女性，這或許可說是新冠疫情引發的育兒懲罰。

山口教授以委員身分參與「疫情對女性之影響與相關課題研究會」（二〇二〇年九月至二〇二一年四月，由內閣府共同參與局設立），該研究會提出的報告書顯示，「疫情影響」不僅因有無子女而異，男女也有所別。同樣是有子女的已婚人士，男性的就業率幾乎不受任何影響。

圖 2-6 「停課影響」——「疫情影響」對有子女者與無子女者之差別

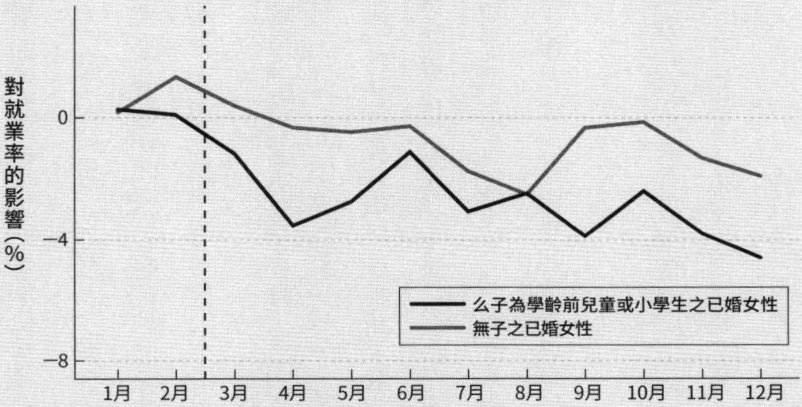

（注）已去除學歷、年齡、地區、產業、職業、僱用型態之差異。

圖 2-7 有子女的已婚女性與無子女的已婚女性比較——對非勞動力率的影響

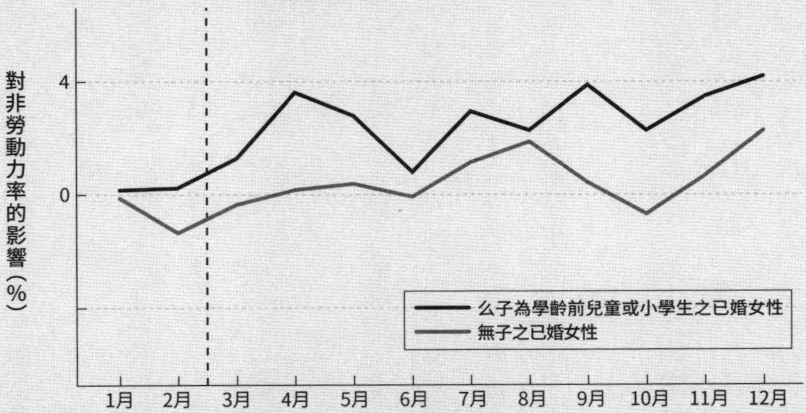

（注）已去除學歷、年齡、地區、產業、職業、僱用型態之差異。

出處：以上皆山口慎太郎教授研究團隊〈新冠疫情期間育兒女性的就業狀況（修訂版）〉（2021）
「疫情對女性之影響與相關課題研究會　第十一次山口委員資料」。

疫情期間男女承受的家事與育兒負擔也明顯不同。內閣府調查緊急事態宣言期間，針對子女為小學三年級以下之家長的身心狀況做了一份調查。回答「家事、育兒、長照負擔過於沉重」的男性占一九・八%，女性占三七・五%；回答「希望另一半做更多家事」的男性占一五・九%，女性占三二・一%；回答「希望另一半多照顧子女」的男性占一四・六%，女性占三五・五%。家事、育兒、長照的負擔大多落在誰身上，可說是一目瞭然。

疫情無法預測。疫情導致景氣衰退、失業率攀升，伴隨感染擴大所採取的政策（緊急事態宣言）或許不可避免，但造成的打擊卻主要集中在育兒女性身上便是嚴重的問題。其實早在疫情之前，就業環境便存在著性別歧視，女性必須承受對自己不利的工作方式，又要擔起家事、育兒、長照等責任。疫情不過是讓這些問題浮現檯面，並且加速惡化。

倘若社會上沒有育兒懲罰、就業無須擔心性別歧視、照顧家人的工作不會只落在女性頭上、社會制度充分保障女性權利，情況想必大相逕庭。例如孩子生病必須在家休息時，父親請假照顧孩子變得理所當然的話，緊急事態宣言與同時停課所造成的打擊想必不會如此嚴重（即使如此，高中與國中小同時停課仍舊造成一定打擊，政府必須多加考量對育兒家庭的影響）。改善家長分工之外，政府也必須更加認真思考彌補育兒家庭的方法。

男女平等、育兒家庭不會被迫承受不利情況的大環境——這正是後疫情時代的理想社會。

參考資料：《疫情對女性之影響與相關課題研究會報告～不會拋下任何人的後疫情社會～》（二〇二一年四月二十八日）

---

1 池田將人、川口大司、深井太洋、山口慎太郎〈新冠疫情期間育兒女性的就業狀況（修訂版）〉二〇二一年四月二十二日「疫情對女性之影響與相關課題研究會　第十一次資料」。

2 非勞動力：處於未就業與求職的狀態。離職且求職中屬於「失業」，因家事與育兒等原因而未求職屬於「非勞動」。

第三章【末富芳】

「育兒懲罰大國」如何形成？

「子育て罰大国」は
どのようにして生まれたか

櫻井老師在第二章簡潔彙整了育兒懲罰的定義，本書則擴大其定位如下：

本書的育兒懲罰定義：在各種場面，彷彿懲罰育兒行為之政策制度、社會風俗、民眾意識。

本章透過各領域的研究，解讀日本為何變成了對家長施以如此嚴厲懲罰的社會。我不是育兒政策專家，但由於本身的研究與在大學任教的經驗，接觸到不少為高額學費所苦的家長。所以當我第一次看到櫻井老師翻譯「育兒懲罰」一詞時，恍然大悟。

日本的家長如果支付不起昂貴的教育費，子女便進不了大學或職業學校。有些家長為了這筆龐大花費疲於工作，無法辭職；有些家長則把經濟壓力發洩在子女身上，形成虐待。打從孩子一出生，就得付上二十二年的教育費，甚至更久。社會整體氣氛認定家長為子女支付教育費是天經地義，為此所苦的家長便成為育兒懲罰的犧牲者。

但子女的教育費真的必須由家長自己一肩挑起嗎？為什麼日本社會普遍存在著這種**「家長負擔潛規則」**呢？相較於其他國家，日本家庭對孩子的教育支出比重可說是數一數二的高，必須由家長個人負擔的情況也只存在於日本等部分東亞國家。在北歐與其他西方國家，公共教育多由國家負擔，家長和學童不需或僅需支付少許費用。

我的專長是教育學，尤其是教育社會學，長期研究為何日本出現「家長負擔潛規則」，又為何教育費成為如此沉重的負擔，以及如何改善這個問題。此外，家庭社會學與兒童學研究指出，兒童在各時代與社會有著不同的意義。現代家庭中隱含的女性歧視與社會排除（Social Exclusion）導致女性必須獨自育兒，陷入「密室育兒」的困境。不但大環境對育兒十分不友善，部分學者甚至主張現代日本是「避諱兒童的時代」[1]。

本章運用教育學、家庭社會學、兒童學等社會科學研究，彙整日本為何且如何出現育兒懲罰，同時以我的專長——教育費用與教育財政相關研究補充說明。

3.1 如何「治療」我們的社會？

在這樣的時代與社會，消弭育兒懲罰的做法其實是照顧與體恤成人。照顧與體恤家長格外必要，但其他成年人也同樣需要照顧與體恤，甚至是那些不愛護孩子的大人。

我在孩子還小的時候，被踹過兩次嬰兒推車。第一次是帶著長女在新宿車站被踹，對方是男性；另一次是帶著次女在下北澤車站被踹，對方是女性。兩次都留下可怕的記憶，心裡蒙受極大的打擊。但與此同時，我也心想「他們應該過得很辛苦吧」。正因為成人的自己過得很辛苦，看到嬰兒與照顧嬰兒的母親，這些最為弱勢卻又看似幸福的對象，便不禁把壓力與怒氣發洩在他們身上。

堅強獨立的大人才了不起，軟弱沒用的傢伙是廢物——整個日本社會瀰漫經濟效率的思維，女性與男性、退休老人與在職勞工、一般庶民與上流階層，各種群體互相傷害，冷漠對待。這便是現在的日本社會，日子辛苦的不僅是育兒家庭。

我藉由本章想討論的是，如何從育兒懲罰的社會轉化為友善親子的社會，我稱之為「育兒懲罰社會的療法」。

◆家長負擔潛規則

我之所以遇上許多為育兒懲罰所苦的家長，是為了調查日本的家長為何得支付這麼多教育費，研究家長身為「教育費資助者」的情況。日本社會認定家長為子女負擔教育費是天經地義，日本學者稱之為「家長負擔潛規則」[2]，韓國也是類似情況。

但家長真的是高高興興為子女支付教育費嗎？日本大學學費驚人，以二〇二〇年私立大學的平均學費為例，一年高達一百三十四萬[3]。就連《二〇一八年度文部科學白皮書》都特別指出：「兩名子女同時上私立大學者，教育費占就業家庭可支配所得將近二分之一，負擔沉重。因此，建立一個任誰都無須擔心家計狀況、安心受教的環境極為重要。」（一八九頁）[4]

圖 3-1 為該白皮書模擬兩個孩子同時上大學的家計情況。原本教育費占可支配

圖 3-1　家計中的教育費占比

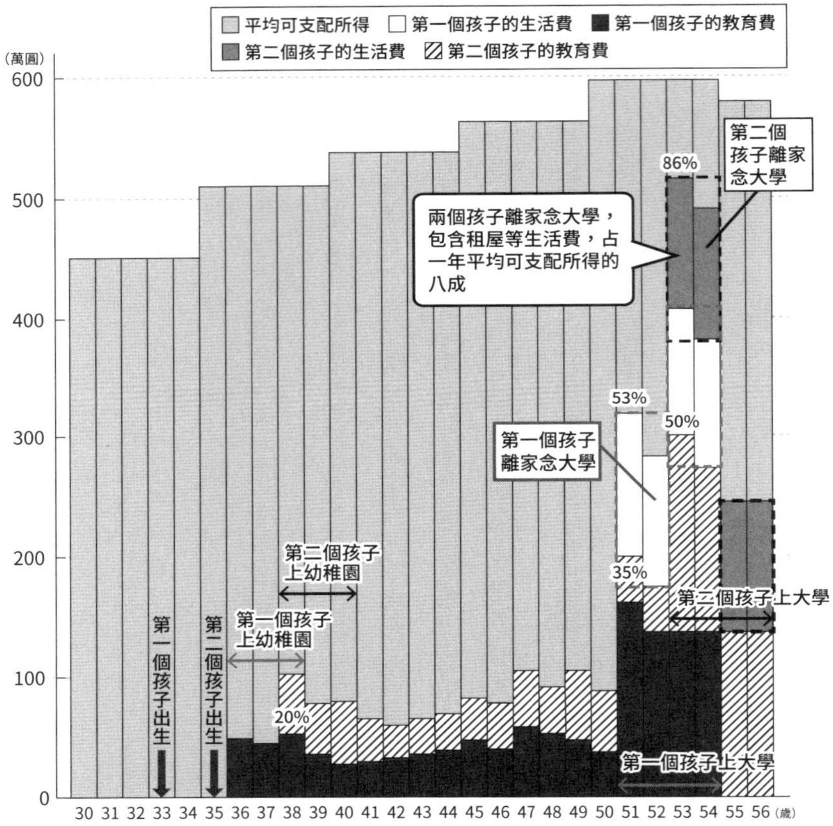

（注）

1. 設定33歲第一個孩子出生，35歲第二個孩子出生。
2. 教育費：幼稚園為私立，國中小與高中為公立學校的學費總金額（學校教育費、營養午餐費、校外活動費用總計）。大學學費以私立學校日間部為例，不受居住型態影響（學費、雜費、其他繳納給學校的費用、課外活動費、上下學交通費總計），大學一年級時加上註冊費。

   生活費：私立大學日間部學生在外租屋的生活費（餐飲、房租、水電瓦斯費、健康醫療、娛樂嗜好等日常生活費用總計）。

   可支配所得：兩人以上的就業家庭，年齡以經濟戶長為主，將每個家庭一個月可支配所得換算成一年份。
3. 本資料為試算，不考慮儲蓄與教育貸款等運用。

出處：文部科學省《二〇一八年度文部科學白皮書》（2018）。

所得的二至三成，到了第一個孩子上大學後瞬間暴增。倘若第二個孩子上大學且離家外宿，教育與生活支出甚至高達可支配所得的八六%。但是日本的家長都很盡責，「即使是低所得階層，幾乎所有家長都想為孩子負擔全部或部分學費」[5]。

當然不是每個家庭都能支付所有教育費，所以向學生支援機構申請學貸的學生目前超過三成。我自己為了實現學者夢，也是靠學貸修完研究所博士學位。我讀大學時雖有父母資助生活費，但金額並不充裕，加上母親生病，家計長期緊繃，直到我過了四十歲才把學貸還清。

日本人普遍強烈認為，為了孩子好，父母不但該支付教育費，還要投注大量心力照顧孩子，全心全意愛孩子，這便是「家長負擔潛規則」的基礎。

其實不是每個家長都樂於為子女支付教育費。我上研究所時就曾和父母起爭執，他們責備我「是要念書念到什麼時候」，所以我沒有接受他們的資助，靠著打工和學貸支付念研究所的費用，經濟和時間都十分拮据。這個經驗成為我研究家長身為教育費資助者的起點。

經過長期的研究與分析，加上我自己也成為家長後終於明白，家父家母不過是受到「家長負擔潛規則」所折磨。當社會認定父母養育子女為天經地義，付完大學學費是「理所當然」時，做不到「理所當然」的家長只能獨自受苦。

◆教育費是「投資」還是「消費」？

經濟學理論主要把家長為子女負擔教育費的情況分為「投資」與「消費」[6]。

前者自一九六〇年代急速發展，屬於「人力資本論」（Human capital theory）。簡而言之，這種理論認為高學歷能獲得高薪，所以政府和家庭應該把資金挹注在教育上。培養優秀人才能有效促進國家經濟發展，增加稅收，所以政府基於人力資本論投資教育。至於家長投資子女的教育費，培養他們成為賺大錢的成人，晚年獲得子女照顧與負擔長照費用的可能性則會提高。

後者是由一九九二年諾貝爾經濟學獎得主、芝加哥大學教授蓋瑞·貝克（Gary Becker）提出。他認為家長支付教育費是藉由為子女（家人）消費，提高自己的滿意度（效用），屬於「利他主義」（Altruism）[7]。

現代家長確實有很多機會享受為子女消費，例如買美食給孩子吃、添購可愛衣物讓孩子穿、看到孩子在運動會或才藝發表會上表現傑出、看到孩子考上理想學校而生氣蓬勃地上學等等，每一種情況都對父母提供了其他消費行為難以企及的滿足（效用）[8]。

對子女本身，教育費的確以「投資」的型態發揮功效。學士通常比高中畢業生能找到待遇更好的工作，高學歷女性比低學歷女性更有機會結識高學歷且高收入的配偶，高學歷也能有效提升家庭所得，提供穩定收入[9]。

但這一切的前提是男性身體健康且工作到六十歲、女性走進家庭且婚姻關係穩定，也就是日本過去的終身僱用制，已於一九九〇年左右廢止。教育的投資報酬率是把學士的薪資和高中畢業生比較，但現在非典型就業市場擴大到學士，正職員工的平均薪資遲遲沒有調漲。換句話說，很多人不覺得大學畢業能享有薪資紅利。

現代家長也不期待子女會照顧自己的晚年生活。根據內閣府二〇二〇年的《高齡社會白皮書》調查，五十五歲以上受訪者中僅三·二％的人表示「子女或親戚會資助自己的長照費」[10]。

◆教育費是「贈與」嗎？

既然如此，家長究竟是基於什麼心態支付教育費呢？文化人類學者竹澤尚一郎主張，父母對子女不求任何回報，付出無償親情與照料是一種理想，教育費屬於「家長不求回報的贈與」[11]。

但人類學與社會學的研究結果指出，「贈與」其實隱含「交換」的性質。父母期盼藉由支付教育費換來良好的親子關係，以及子女對自己的敬意。「我付錢讓你去念書，你要回報」和「你不用回報我，為自己而活吧」，子女比較尊重哪一種父母呢？圖 3-2 彙整了以上三種價值觀。

◆教育費是讓孩子不恨自己的「保險」？

為了驗證這三種價值觀，圖 3-3 是我對高中生與大學生家長進行的調查結果。六到八成的家長對「四年大學生活是寶貴的人生經驗」、「上大學能累積一定實力」

圖 3-2　投資、消費、贈與與教育費回報

	教育費性質	對家長的回報	具體案例
投資	訓練費，用於提高子女在勞動市場的價值。	金錢利益	高薪資的子女對家長投以高額資助，支付家長晚年醫藥費與生活費。
消費	購物費，提高子女在社會上的評價。	精神撫慰	看到子女學會才藝或在補習班成績提升而感到喜悅；子女考上名校，可以向他人炫耀。
贈與	單方面轉移到子女身上。	精神撫慰	子女尊敬家長，保持良好親子關係。

圖 3-3　家長對教育費的看法

	高中生家長　N＝158人		大學生家長　N＝446人	
	非常同意、有點同意 (%)	N. A. (%)	非常同意、有點同意 (%)	N. A. (%)
四年大學生活是寶貴的人生經驗	84.2	2.5	87.3	3.4
上大學能累積一定實力	64.5	2.5	58.8	4.0
上大學是對子女未來的投資	53.8	2.5	43.7	5.4
要是高中畢業找不到好工作不如去上大學	53.8	2.5	42.3	3.6
現在大家都上大學	45.6	1.9	28.3	3.4
上大學是能力的證明	38.6	3.2	31.6	3.4
上這所大學（對高中生而言有名的大學）會讓大家羨慕	38.6	3.8	12.8	5.6
讓子女上大學類似繼承遺產	34.2	3.8	19.7	3.4
送小孩上大學而吃苦也是一種身為父母的喜悅	26.0	2.5	28.5	3.4
總有一天會受子女照顧，至少該出大學學費	13.3	3.8	5.2	3.4

出處：末富芳《教育費的政治經濟學》139頁（圖3-2）與144頁（圖3-3）（2010）。

表示同意（包含非常同意與有點同意）。為子女的人生經驗投資，支持與享受子女成長，期盼子女在大學培養實力，之後在社會上活躍——支付幼稚園到大學的教育費，不僅是為了家長本人，也是「為孩子好」的投資與消費。

但同時也可發現，僅不到三成的家長同意「送小孩上大學而吃苦也是一種身為父母的喜悅」與「總有一天會受子女照顧，至少該出大學學費」。現在日本大學升學率超過五成，連同職業學校一併計算，八成的十八歲人口高中畢業後會繼續升學。支付子女的教育費已經不是父母的喜悅，而是不得不達成的任務。

關西國際大學校長、教育社會學學者濱名篤，是這項共同研究的成員，負責家長的開放式回答。部分家長抱持消極心態支付教育費，說服自己讓孩子上大學是「沒辦法的事」、「為了不讓孩子悔恨一輩子，就得送他上大學」[12]。我不禁思考，無關就業狀態與薪資高低，從小孩一出生就得支付二十二年的教育與生活費，難道不就已經是「育兒懲罰」了嗎？

除了「投資」「消費」「贈與」，還有一種是不得已的資助心態。我自己的另一份研究指出，有些家長可能為了避免負面回報，也就是為了不讓孩子怨恨自己，不得已支付教育費作為維護家庭關係的「保險」[13]。

多變量統計的結果顯示，高中生與大學生家長支付子女教育費，除了出自於「投資」「消費」「贈與」心態，屬於「體貼子女的利己主義者」外，還有一種無法歸類，屬於「人體ATM」（圖3-4）的心態，而且與家長本身的收入和學歷不見得有關。換句話說，不分學歷、收入，都有部分家長是不得已才支付子女一路念到大學的教育費，把這筆錢當作「保險費」。

這項研究結果發表於二〇〇四年，已經是很久以前的事，但我認為把教育費一路付到大學畢業，當作「身為父母的喜悅」的家長應該沒有增加。隨著消費稅與大學學費調漲、學貸申請與學費減免僅限低所得家庭等大環境變化，對中高收入的家長而言，送子女上大學是一年比一年辛苦。

日本的家長只得不停工作，不時對孩子抱怨工作多辛苦；當孩子表示想升學，流露出消極的態度，怒罵「哪來的錢給你上大學」；有時教育費甚至成為父母施行經濟虐待的籌碼，恐嚇孩子「不乖乖聽話就不幫你出學費」。這些家長不見得收入低，中所得階層或子女人數多的高收入家庭也可能發生。我接觸過眾多為此所苦的

圖 3-4　給子女的教育費是父母的「保險費」嗎？

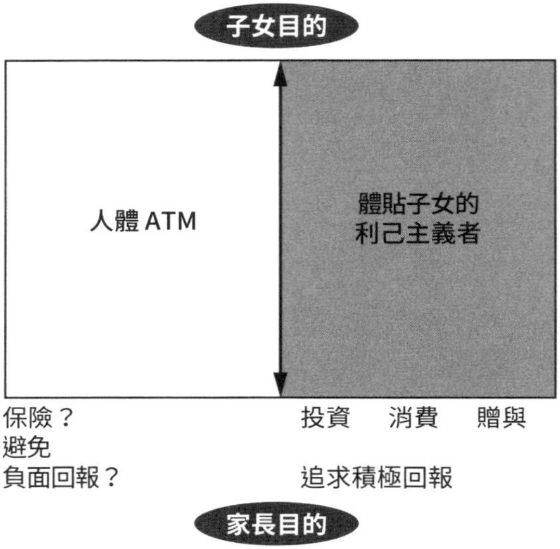

出處：末富芳《教育費的政治經濟學》157頁（2010）。

家庭，他們的收入與學歷形形色色，並不一致。

中央大學教授山田昌弘在著作《日本少子化政策為何失敗？》指出日本人習於迴避風險。現代年輕人思考結婚生子時，會把子女龐大的教育費納入考量。有些人「不想讓孩子吃苦」，選擇「不需要還學貸的結婚對象」[14]。山田教授認為這樣的心態導致少子化，我也同意他的意見。畢竟我身邊的確有人因為要償還學貸，選擇不婚或無法結婚。

政府補助有限，家長只好繼續為子女的教育費咬牙忍耐。子女親眼目睹父母所承受的育兒懲罰，決定不婚不生，自然是很合理的選擇。

3.2 被迫離開公領域的兒童與女性

但日本不是自古以來便對親子冷漠嚴苛的「育兒懲罰大國」。

御茶水女子大學榮譽教授本田和子是兒童學專家，對兒童懷抱豐沛愛情，能以客觀到近乎冷酷的目光觀察與分析，無出其右。其著作《避諱兒童的時代——為何生子變得如此困難？》指出，日本社會避諱兒童是因為生兒育女被迫成為個人私事，遭到公領域排除[15]。而生兒育女被迫成為個人私事與女性被逐出公領域，都發生在近代[16]。

我在第一章如此定義育兒懲罰：

> 育兒懲罰的真相：強迫母親獨自負起養育子女的責任，也不利於父親參與育兒，教育費更必須由家長自行負擔——這正是日本的社會現況。

本田教授指出，日本之所以成為育兒懲罰大國，在於經濟發展過於快速。以下彙整其論述，並參照家庭社會學與兒童學的研究，分析兒童如何被迫離開公領域、育兒如何成為家長個人的責任，以及眾人為何變得如此冷酷無情。

◆明治初期的日本竟是「兒童天堂」

現代的日本人聽了或許會很驚訝，明治時代（一八六八至一九一二年）初期來到日本的歐美傳教士與學者不約而同表示：日本社會對兒童非常包容[17]。

發現大森貝塚而聲名大噪的東京大學教授愛德華．摩斯（Edward Morse）在一八七七至一八八三年間旅居日本，留下了大量素描與紀錄。以下是他眼中的日本兒童：

我得再三強調日本是兒童天堂。這世上沒有比日本對兒童更親切、更關心的國家了。孩子們每天都笑咪咪的，想必從早到晚都過得很幸福。他們不是一早去上學，就是在家裡幫忙父母做家事，或是和爸爸去工作，又或是看店。他們工作的模樣幸福滿足，我至今從沒看過孩子鬧彆扭或是有人體罰小孩。

（愛德華．摩斯《在日本的每一天　第二卷》九六頁）

圖3-5是一八七六年來到日本的紀錄畫家菲利克斯．雷加梅（Félix Régamey）筆下的明治時代成人與兒童，大家聚在一起，氣氛融洽，教人看了不禁露出微笑。

作家伊莎貝拉．博兒（Isabella Bird）在一八七八年六到九月造訪日本，對當地日本人讚不絕口：「我從沒見過如此疼愛自己孩子的家長。」

圖 3-5　明治時代的成人與兒童

出處：菲利克斯・雷加梅《明治日本寫生帖》（1899）。

有些人抱著孩子，有些人揹著孩子，有些人牽著孩子的手一起走，有些人看著孩子玩遊戲或和他們一起玩。父母時不時買新玩具給孩子，帶他們去遠足和祭典。當孩子不在自己身邊，他們看起來很無聊。所有父母都對自己的孩子感到非常自豪，對他人的孩子也投以適度關心。很有意思的是，每天早上六點左右，十二到十四名男子會蹲坐在矮牆下方，每個人懷裡抱著不到兩歲的孩子，不時撫摸逗弄，或者互相炫耀孩子的體魄與聰慧。這個早晨聚會看起來主要是在談論孩子。

（伊莎貝拉．博兒《日本奧地紀行：從東京到東北、北海道，十九世紀的日本原鄉探索之旅》，繁體中文版為遠足文化出版）

明治時代與現代的育兒光景截然不同。男性（父親）會和孩子聚在一起談笑，透過遊戲讓孩子學會規矩；孩子們也會自行討論，解決問題。

當時日光居民生活小康，治安良好，有餘力迎接國外旅客。儘管博兒在書中批判其他地區環境骯髒、人民不老實、日常打扮近乎全裸、重男輕女，但始終讚美日本人對待兒童的態度，寫到「日本人非常疼愛兒童」、「我很喜歡日本的兒童」[18]。

但是二十一世紀的日本，別說遇到「如此疼愛小孩的大人」了，還從「兒童天堂」淪為「育兒懲罰大國」。虐待兒童的案件數量年年破紀錄，新冠疫情期間遭到社會拋棄的兒童與年輕人自殺人數更是突破新高。從明治時代到現在過了一個半世紀，日本反而退化成對親子冷漠無情的國家。

本田教授在著作指出：

百餘年來，我國「對兒童的心態」變化實在教人驚訝。為什麼日本人會喪失過去令外國人瞠目結舌的「疼愛兒童」這項特質呢？而且不僅是失去特質，比起其他國家更是明顯「厭惡兒童」，以致於淪為女性育兒吃力的國家。

（本田和子《避諱兒童的時代——為何生子變得如此困難？》一〇頁）

◆被關進學校裡的兒童

日本究竟是如何從兒童天堂變成育兒懲罰大國呢？以學術角度分析，原因出在兒童被逐出「公領域」，育兒被迫成為個人私事。以下概述轉變過程。

在近代之前的日本社會，女性是社會活動的主體，也是主要勞動力，更是家庭經紀人。她們獨立自主，一路肩負「公領域」責任[19]。然而近代化的過程促進性別分工、學校制度發達，女性的角色縮小成母親與主婦，負責家事；兒童也離開社群（村落）的混齡自治組織，成為學校裡的學生，在同齡學童組成的班級中受教師管理，學習規矩。日本的性別研究指出，其他國家的社會近代化過程也是如此，產業結構變化促進性別分工，女性由「家庭合夥人」轉變為「家中一員」，負責家事與照顧小孩[20]。

男主外，女主內的一夫一妻制與性別分工，將女性從公領域拉入私領域，便是近代家庭的特徵。

> 近代家庭：「最佳」家庭型態為夫妻因愛結合，與親生子女間洋溢親情，僅由夫妻進行性別分工，養育兒童[21]。

第二次世界大戰後，兒童與配偶的死亡率下降，離婚率降低，夫妻關係長期穩定。男主外，女主內，建立富裕生活，栽培優秀兒童，充滿愛的家庭系統因而普及，成為一般人對家庭的認知[22]。

在這套系統當中，子女應由父母，特別是母親灌溉母愛的觀念逐漸扎根。母親必有母愛的「母性神話」與身體健康、成績優良的「理想兒童」意識型態，自大正時代（一九一二至一九二六年）以來深植人心[23]，束縛現代的母親。當人口從「生多死多」變為「生少死少」，「孩子不會死」變得理所當然，眾人於是認為女性（母親）理當專心致力於「生少養好」[24]。

隨著近代家庭制度成立，近代學校制度也使兒童的角色從社群（村落）的自治組織成員縮小為學校裡的學生。

信州北部與越後（譯注：現新潟縣）一帶有個名為「兒童組」的組織，是由當地各年齡兒童組成，進行「兒童自治」[25]。近代之前，兒童是社群（村落）的一員，年長者庇護年幼者，帶領他們遊戲，傳承遊戲規則、兒童儀式與禮節[26]。明治初期來到日本的歐美人士看到日本兒童進入公領域社群，受到大人關愛，互助成長。

成人也有享受兒童惡作劇的文化。大阪郊外村落有句俗話叫「有人偷中秋節的賞月糰子才是好」，意指中秋節小孩偷走放在緣廊的賞月糰子，成人也樂在其中。育苗和女兒節等節日，小孩到各家叨擾要點心、大人笑咪咪看著孩子，都是日常生活的一部分[27]。

兒童的生活領域在一八七二年訂定近代學校制度、一八九一年將同齡學童編在同一班級後出現變化。學校著重「規矩與訓練」[28]，把孩子關進學校，「過度管理統治，要求他們照著大人說的做」，是近代社會的共通點[29]。

第二次世界大戰後，這種傾向更是加速發展。義務教育年限延長至國中，上課時數增加；高中與大學升學率提高，入學競爭漸趨白熱化。兒童待在學校的時間延長，白天的社群再也看不到他們的身影。平日傍晚和假日則與家人共度，或去補習班、才藝班，接觸不到老師、家長，也見不到同住或附近親戚以外的成人。

本田教授指出，兒童與成人不再是「一同生活的夥伴」，他們在學校與相關場所的「學校化社會」中失去自我培育的能力（育兒能力與教育能力），進而導致成人「厭惡兒童」[30]。

女性走進家庭、兒童走進學校，正是近代日本將兒童逐出公領域的主要原因。

3.3 為何日本成為育兒懲罰大國？

前兩節彙整明治時代至一九七〇年代初期，兒童與女性在近代化與經濟成長的過程中出現何種變化，又是如何被排除於公領域之外。本節則思考為何日本社會中的育兒懲罰四處蔓延。

日本的公領域，從社會、政治到經濟都受男性或男性思維掌控，進入二〇二〇年代也沒有打從根本改變。另一方面，女性就業與升學（大學或職校）日益普及，不再勉強自己必須結婚生子。醫療技術發達降低新生兒死亡率，不孕治療技術進步，孩子變成特意「製造」的結果。換句話說，原本明治時代以來被迫進入私領域的女性又再度活躍於公領域。

然而，當今以男性為主流的社會習慣和規則，跟不上女性在升學就業、結婚生子，以及身分認同的進化。在如此環境下，生育人數與出生率都減少停滯。相信不少讀者都察覺愈來愈少人生小孩，大家也不珍惜兒童，甚至愈來愈多大人討厭小孩[31]。

在日本，孕婦別了孕婦徽章卻遭到攻擊；上班族在通勤時間看到嬰兒推車就伸腳踹下去；公園附近居民報警抗議小孩在公園玩很吵；當地居民反對托兒所與兒童諮詢所蓋在自家附近；企業歧視有小孩的女性員工，逼迫她們離職；總理忽略虐待與飢餓風險，不顧專家和他人反對，硬是宣布國中小與高中全部停課。日本社會中各種場面都對親子，尤其是對母親施以育兒懲罰，要舉例簡直沒完沒了。

二〇一六年，一位母親在部落格寫到「小孩沒排到托兒所，日本去死」，一時間蔚為話題。我認為那位母親發出如此悲痛哀號，是針對不斷懲罰親子的日本社會。

◆養小孩花錢又花時間

日本從兒童天堂淪為育兒懲罰大國，兒童的價值與社會意義也出現大幅變化。

先前提到兒童從「生多死多」變為「生少死少」，改變了大家對兒童的認知。圖3-6顯示第二次世界大戰後，日本嬰兒的死亡率變遷。一九四七年每千名新生兒當中，出生後不到一年即死亡者將近八十人，出生後四星期內死亡者約三十人。但是到了一九八〇年，每千名新生兒當中，出生後不到一年的死亡人數降至七．五人，出生後四星期內死亡者為四．九人[32]。

二〇一九年最新資料則顯示，出生後一年內死亡率降至每千名一．九人，生後四星期內死亡率降至每千名〇．九人，在先進國家當中日本嬰兒死亡率最低[33]。新冠疫情期間，醫護人員也傾盡全力保護孕婦，讓嬰兒平安誕生。二〇二〇至二〇二一年仍維持嬰兒死亡率最低的紀錄，是日本人的驕傲。醫療技術發達把「可能會死的孩子」變成「不會死的孩子」，家庭主婦更是致力於「生少養好」，能為小孩做多少就做多少[34]。

以教育來說，在明治時代，六到九歲進入小學（尋常小學校）就讀即完成義務教育[35]。能就讀舊制國高中、大學或女校，屬於少數菁英男性與中產階級或富裕家庭的女兒，大部分孩子都必須幫忙家裡的工作與家事。

圖 3-6　平均壽命與嬰兒死亡率變遷

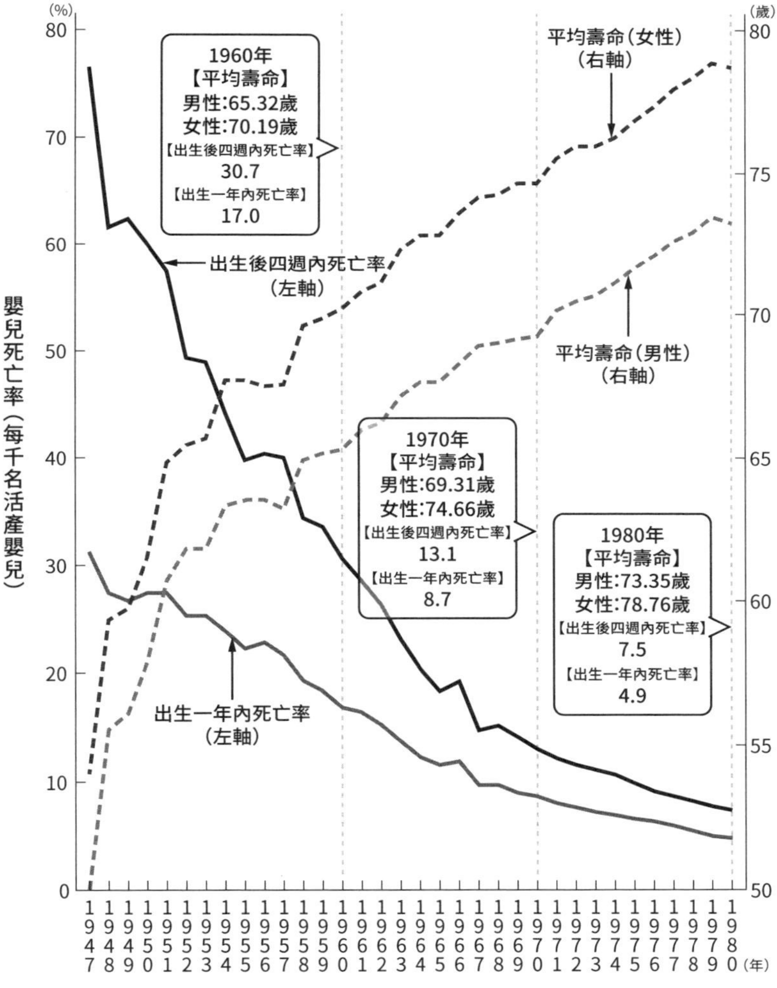

出處：厚生勞動省《二〇一四年版厚生勞動白皮書～健康、預防元年～》(2014)。

第二次世界大戰後，進入高中與大學就讀的學生人數增加，家長負擔教育費的年限延長，社會風潮演變為家長必須對子女投注愛情、照顧，並且資助教育費十八至二十二年，成為所謂的「大眾教育社會」[36]。

圖3-7彙整第二次世界大戰後男女的高中與大學升學率。一九七五年男女高中升學率皆超過九成[37]，這四十五年來高中近乎成為義務教育。二〇〇五年男性的大學升學率（含延畢者）超過五成；二〇〇九年男女皆超過五成，進入普及階段[38]。大學教育不再是少數人的特權，而是一半以上的青少年都會進入的教育階段。

換句話說，當大環境轉換為大眾教育社會，孩子便從「支撐家庭的一員」變成「花錢花時間的對象」。以經濟學術語來譬喻，孩子從和大人一起維持生活的生產者，轉變為消費物品與服務的主體[39]，女性（母親）則負責管理家計與孩子的消費。

◆理想兒童的意識型態

管理家計與兒童消費代表女性（母親）身兼重任。孩子出生前便開始蒐集資

圖 3-7　男女升學率

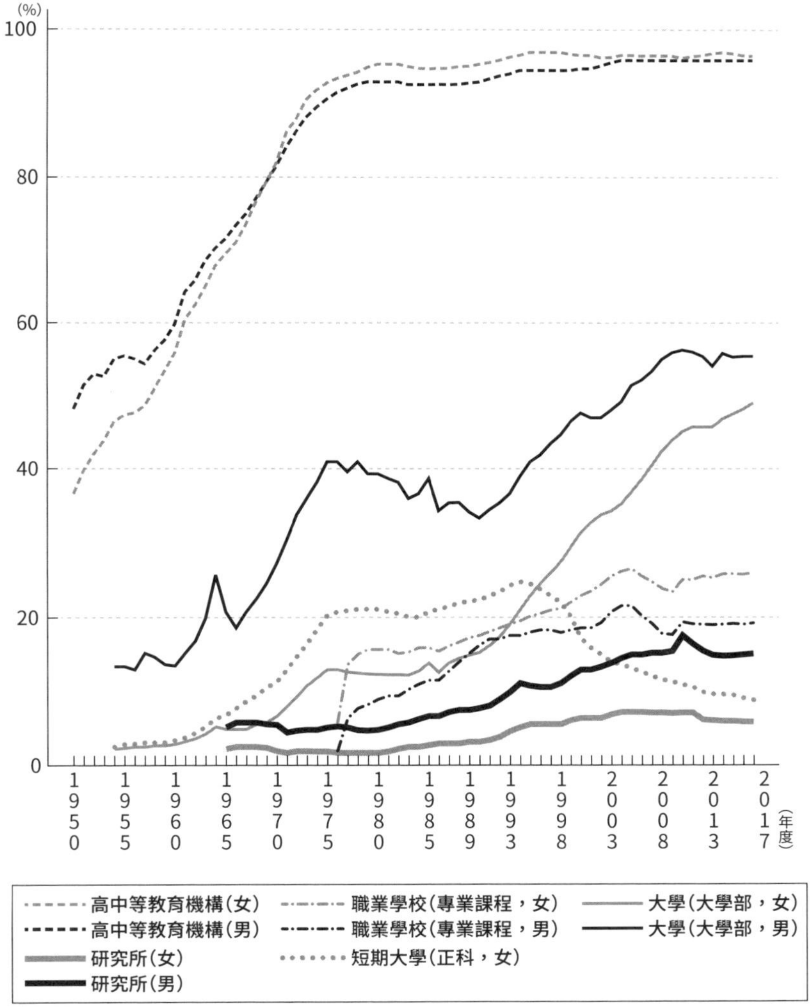

出處：內閣府《男女共同參加白皮書》（2018）。

料，查詢哪種嬰兒服、嬰兒推車、玩具比較好，制定購物計畫；孩子出生後則蒐集托兒所與幼稚園資料，報名入學；用兒童津貼購買教育保險，儲蓄大學學費；尊重孩子意願，考慮適性，搜尋才藝班與補習班資訊，籌措上課費用……要做的事情堆積如山。

儘管我是職業婦女，也常因為「愛面子」、「怕孩子難過」[40]，努力準備便當，希望她在遠足當天打開時能露出笑容。明明出差需要在外過夜，硬是深夜趕回家，一大早起來做卡通人物的便當（在此我要為外子辯護：他會做普通的便當，家事和育兒能力也比我優秀，我家孩子都黏爸爸）。當時我才三十多歲卻累到心臟疼痛。

家庭主婦想必更加辛苦。家裡孩子人數少，一定要好好培養「理想兒童」，再加上「得為子女好」的意識型態落在這些母親身上。不僅要負擔育兒與教育費，更要把孩子教成「好孩子」，這些壓力無限擴大家長的責任。

思考母職問題時必須留意的是，如同男性容易期許自己工作要有成就，女性在育兒與家事上也容易要求自己必須做得更好[41]。尤其是日本母親因為「理想兒童」與「得為子女好」的意識型態，彼此形成競爭關係。

我曾在咖啡廳看到身穿某知名幼稚園制服的小女孩們，與一身深藍色套裝的母親們所組成的「親子團體」。大家散會後，一位母親以「剛剛不安靜」為由敲了孩子的頭，又惡狠狠地罵了她一頓。「為什麼媽媽必須為了子女的言行承受這麼大的壓力呢？」我想著想著，眼淚便流了下來。無論是一身高級套裝、年輕美麗的幼稚園媽媽，還是像我這樣忙到無力顧孩子的職業婦女，大家都活在育兒懲罰的社會，承受龐大的壓力，拚死養育下個時代的棟梁。

「不安靜」不是孩子的責任。今天強迫孩子要符合安靜有禮貌的「理想兒童」形象，是成人社會的價值觀。喝斥小孩也不是母親個人的問題，而是幼稚園和學校要求家長必須教出「安靜的孩子」，做得到才是「家庭教育」優良的賢妻良母。

◆政府的搭便車心態

政府與學校都沒有多餘人力和經費照顧孩子，於是把養小孩的成本推到家庭（家長）身上，以為搭上「家長負擔潛規則」的便車就能解決一切問題。男性在外工作，以薪資支付教育費與育兒費，女性則一直在家照顧孩子，如此一來，政府便無須支出公共教育費用。

自民黨長期強調家長負擔教育費，呼籲家庭教育很重要，以逃避教育支出[42]。二〇〇五年小泉純一郎擔任總理期間，將義務教育入學補助所需費用與義務教育費的國庫支出（教師的部分薪資由國家支出）改為一般財源（由國家預算變更為地方政府預算），所以實際上是削減教育支出[43]。結果，低所得家庭子女領不到入學補助，無法繳納制服、學用品、營養午餐費的人數增加。社會大眾根據「個人責任論」抨擊這些家長家教失敗、不負責任，但卻忽略了政府並未提供兒童必要的幫助，再加上媒體的偏頗報導，都可說是育兒懲罰的加害者。

◆學校也是加害者

刪減義務教育費的國庫支出還引發非典型就業教師增加，薪資水準下降[44]，加上二〇〇九年麻生太郎總理執政期間訂立教師證更新制，導致教師人手不足。領著稱不上充分的薪資、工時超出過勞標準、罹患精神疾病而留職停薪的教師與日俱增。現在第一線教職人員筋疲力竭，毫無餘力對待學童，可說是自民黨十五年來造成的惡果。

二〇二一年起實行教師勞動改革。文部科學大臣萩生田光一修改法律，將小學班級人數下修為三十五人。相隔四十年，終於實現了重要改革：替學童增加第一線教職人員，同時修正教師證更新講習方針。此外，二〇一九年度提出GIGA學校構想，企圖把至今落後的ICT教育提升到世界水準。二〇二〇年度以預防疫情感染與教育ICT化的名義，保證全國國中小學生一人可獲得一臺平板或電腦。我深切期盼數位科技能有效減輕親子與教師的負擔。

學校要是能確保所需人力與經費，教師便更有心力工作，不再因過勞與壓力向學生怒吼或嚴厲以對，學生和家長也無須戰戰兢兢。教師勞動改革若順利推動，可說是減輕育兒懲罰。但家長仍得負擔教材費、制服費、校外教學費、社團費。低收入家庭的子女買不起新制服，也無法參加社團，或是為了加入社團剋扣生活費。

另一個十分具日本特色的育兒懲罰是「親師協會」（PTA）。我家孩子念的學校為了減輕家長負擔，把親師協會活動縮減到最低限度。但不同學區的媽媽表示「當上親師協會幹部後，耗掉所有特休天數還不夠」、「不僅是學校，連安親班都有親師協會」，令我大吃一驚。

《每日新聞》記者山本浩資在著作《不參加親師協會不行嗎？》提到，他當上親師協會會長後，幾乎每週都得為「會長」的工作撥出時間（二八頁）。以真實事件為寫作題材的作家黑川祥子進行採訪時，也汲取如下的聲音：

「孩子畢業時，我打從心底覺得真是太好了。這就是親師協會。」

「同儕壓力大，不容異議，被迫從事自己一點也不想做的活動。」

（黑川祥子《不需親師協會論》三頁）

政府的公共教育支出寥寥無幾，導致學校人力與經費慢性不足，於是仰賴家長繳納親師協會會費、提供免費人力。該書提到「當小孩成為人質，家長也只能服從」（三頁），顯示家長協助學校是情非得已。這也可說是學校搭家長「得為子女好」心態的便車。

書中同時提到政府可能為了自己方便，大聲疾呼家庭機能衰退，進而以協助家庭教育之名，動員親師協會前往訪問所有育兒家庭，介入隱私。家庭訪問算是一種不信任家長的新型育兒懲罰，目前是由公衛護理師造訪嬰幼兒的家庭，尚未擴大到學齡兒童。但公衛護理師是有國家證照的專業人士，親師協會成員只是普通的成人，門外漢登門訪問可能造成私人監視的風險，我非常反對。

政府與學校搭著家長責任的便車，無視家庭的經濟負擔、父母的時間成本，以及這一切所造成的育兒壓力。要是有人問我日本政府，尤其是執政的自民黨是否有意改善這些問題，身為文科省與內閣府兒童相關審議會的委員，我必須說很遺憾，我不覺得他們有心要改善。

◆如何改變錯誤的輿論

育兒懲罰的社會型態之所以會持續至今，在於輿論。

社會研究成果顯示，愈是有孩子的人，愈是贊成政府增加公共教育的支出。圖3-8顯示針對「確保上大學的機會」一題，回答「即使增稅也該積極推動」的比率，尤其是高中生家長的支持率高達五成[46]。家長前去投票表達意願便是改變社會的第一步。

但是，家長以外的人會改變心態嗎？日本教育費問題與教育經濟學泰斗、東京工業大學榮譽教授矢野真和在著作《教育劣勢社會——討論教育費輿論的社會學》指出「有可能改變」[47]。

千葉大學白川優治副教授針對二〇二〇年四月開始實施的高等教育免學費，調查大家可以接受什麼樣的人領取獎學金，發現七成的人希望是「在教養機構或單親家庭成長者」與「領取生活補助」等成長環境艱辛的青少年[48]，超過「成績優異者」（圖3-9）。我本來以為會是能力主義色彩濃厚的「成績優異者」位居首位，因此非常驚訝。日本人的心態出現了變化。

我認為這些大人之所以開始改變，是因為兒童貧困問題成為眾人矚目的焦點，家長所得與學歷影響能否上大學的「升學格差」與「教育格差」也成為社會與政治

圖 3-8　願意接受增稅以「確保上大學的機會」的支持率

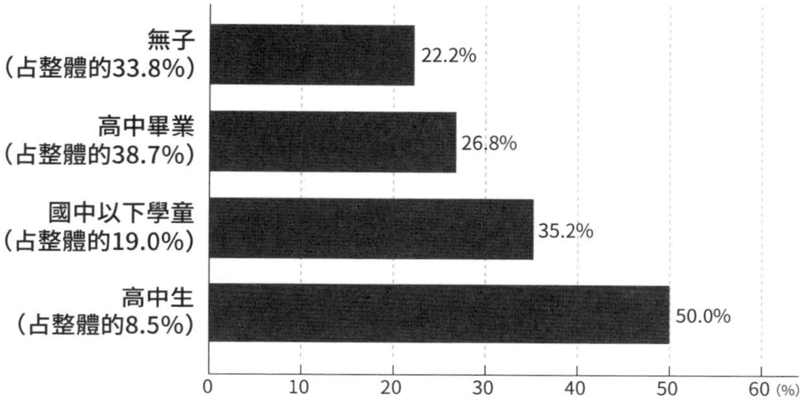

出處：矢野真和、濱中淳子、小川和孝《教育劣勢社會——討論教育費輿論的社會學》(2016)。

圖 3-9　認為可領取獎學金的對象

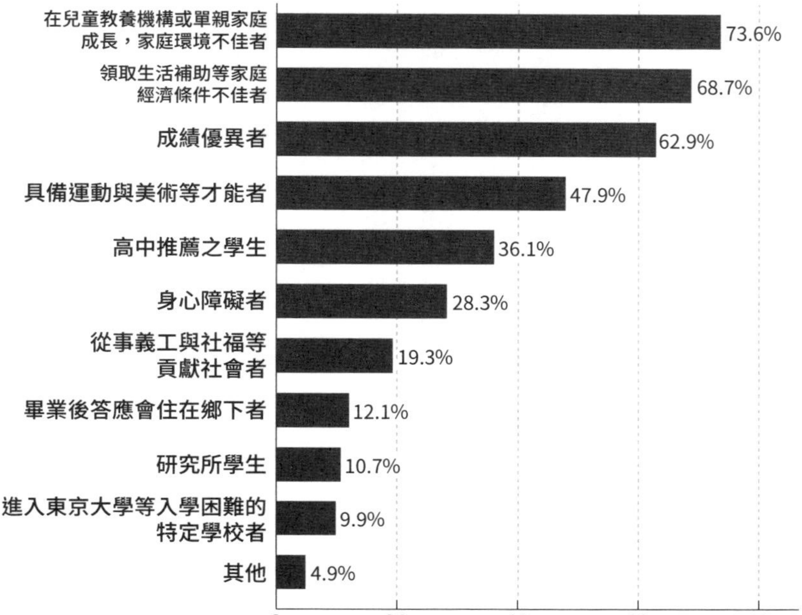

出處：末富芳編著《兒童貧困對策與教育援助——為了更好的政策、聯合與合作》(2017)。

課題。

矢野教授在《教育劣勢社會》指出，愈是覺得風險應當由個人或家庭承擔的人，愈是認為教育、醫療、長照、年金都不該由國家（社會）處理。要讓國家與社會負擔教育費，應當普及「教育，也就是解決知識與技術不足，能有效降低未來就業、退休、年金等風險」的觀念。

但教育不易成為選舉爭論的焦點，又缺乏報導與輿論關注。為了改變輿論，他指出向「認為增加教育支出沒有用」的人，分享大學畢業的優點，比如改善收入、降低就業風險、工作長期穩定，進而降低年金與健康風險，提出事實與證據，便能改變輿論[49]。中京大學的大岡賴光教授則表示，等待民眾改變心態等「文化改變」後再改善制度太晚，應該學習瑞典改革育兒與教育政策，「以制度創造文化」[50]。我自己則是持續發表文章，用事實和數據揭露日本對親子冷漠嚴酷的現狀，也是為了糾正輿論。

期盼政治家與企業停下腳步想一想「自己的做法是否造成育兒懲罰」，重新審視既有觀念與長期堅持的規範，進而改善。

3.4 改變的力量，從你我做起

本章開頭提到，我希望找到「療法」以消除育兒懲罰，因此指出家長受到「家長負擔潛規則」所苦，社會與政府也搭了家長「得為子女好」而過度努力的便車，同時點出近代以來兒童被迫進入家庭、學校、消費的狹小世界，排除於公領域之外。不少人有意無意「排斥兒童」、「討厭小孩」，現在可說是避諱兒童的時代。

既然如此，怎麼做才能讓如此嚴厲冷酷的社會轉變為對親子友善的社會呢？我認為所有社會主因當中，最嚴重的莫過於「個人責任論」。詳細改善方法，請參考早我兩個月出書的前田晃平的著作《爸爸走進家庭能改變日本！為了支持媽媽走入社會和全家的幸福》。他身為幼兒的父親，提出許多有效具體的建議，推薦大家務必一讀。

這本書則討論更為宏觀的問題，思考如何改變社會大眾的心態。我身為母親，想提出一些與專業領域沒有直接關係的意見。

◆第一步是改變大人的觀念

首先必須改變的是眾人的觀念，讓大家覺得應該為兒童的出生、生活、學習投入稅金（政府預算）。這不是單純的政策論或財政論，而是規範與倫理，事關我們想活在什麼樣的社會。換句話說，我們希望活在有人願意生小孩，而且充滿希望的溫馨社會？還是沒有人願意生小孩，大環境冷峻嚴苛，看不到未來的社會呢？

坦白說，我不擅長這種「感動型」理論，但執筆本書時，我想起自己年輕時很討厭小孩。學生時期，我和朋友討論「為什麼小孩很可愛」時，朋友對我說了一句話：**「妳不覺得自己很重要的話，就沒辦法愛小孩。」**家父對我們這些孩子稱不上溫柔，但他即將過世時，對鄰居小孩投以慈愛的目光，和善以對。

當我苦於遲遲無法懷孕時，偶然遇到住家附近看著我長大的老奶奶，她聽完我的抱怨，露出慈悲的微笑，鼓勵我一切都會沒事。老奶奶其實曾經遭遇不幸，失去孩子。等到小孩出生，我戰戰兢兢抱著比想像中強大卻又脆弱的嬰兒，打從心底認為一定要讓這個孩子幸福。

孩子出生前後，我的心態出現了一百八十度轉變，所以我相信任何成人都可能改變。身為社會科學的學者，我絕不輕易放棄。我並不認為「反正日本人不可能改變」，而是選擇相信總有一天會改變。即使會被嘲笑天真，我也不會改變初衷。在這個人人互相排斥對立的日本，與其讓這樣的社會更加分裂與猜忌[51]，我身為學者與母親，也為了繼續做自己，我選擇持續散播促進眾人互信互重的種子，即使這個夢想不會實現。

◆花錢養小孩不是「奢侈」而是「強制消費」

現代社會資本主義高度發達，以經濟為優先，重視「成果」「業績」「表現」「影響力」等肉眼可見的結果，並以此來評價一個人。

儘管兒童死亡率因時代變化而下降，達到「生少養好」的境界，但卻帶來不幸的分裂。為什麼日本政府讓家長負起所有教育責任呢？決定財政支出時也不願將錢花在教育上。簡單彙整原因可以得知，一九六〇至一九七〇年代的政治家、官僚，以及參與政府工作的專家學者等男性菁英抱持以下看法[52]：

- **為子女的教育花錢，提高幼稚園就讀率或升學率，不過是家長奢侈與溺愛孩子的行為。**
- **在小孩身上花錢，讓小孩上好學校，是父母自私的想法。**
- **有能力的人才能上高中和大學。**

請大家不要生氣，那個年代的男性菁英生長在第二次世界大戰期間或戰爭方才結束的環境，物資匱乏，看到經濟高度成長後，家長們在物資充足的環境養育兒女，不免戴著有色眼鏡，覺得他們過得很揮霍。

我現在覺得，身處日本政界中樞的男性政治家也秉持同樣陳舊的價值觀。只要政界領袖與財務省認為把錢花在養小孩是奢侈行為，這個國家就不可能把稅金分配到育兒或教育。但在日本養小孩花錢花時間不是「奢侈」，而是社會受到「理想兒童」的意識型態束縛，認為不花錢就養不了孩子，所以應該是「強制消費」[53]。

◆分擔投資兒童的風險與益處

該怎麼做，政府才願意把錢花在教育與育兒上呢？該怎麼做，選民才會把票投給重視教育與育兒的政黨和政治家呢？研究教育費的學者長期以來鑽研這些問題，提出的答案是促進國民認知到以下兩件事：

① 育兒和疾病、長照一樣具有風險，應當由國家與社會一同分擔。

② 投資育兒與教育能有效促進GDP成長，減少中長期的社會安全網支出。

矢野真和教授在《教育劣勢社會》以圖3-10提出以下意見：當社會大眾都了解教育能降低人生風險，政府也有計畫性地長期投資教育，便能把教育相關費用從「個人責任」轉換為「社會責任」。

同樣道理也能套用在育兒上。學者已經在日本找到證據，投資兒童與育兒除了對兒童本身很重要外，還能提高就業率、收入、稅收，減少生活補助津貼與醫療費[54]。

圖 3-10　教育劣勢社會轉換為教育優勢社會

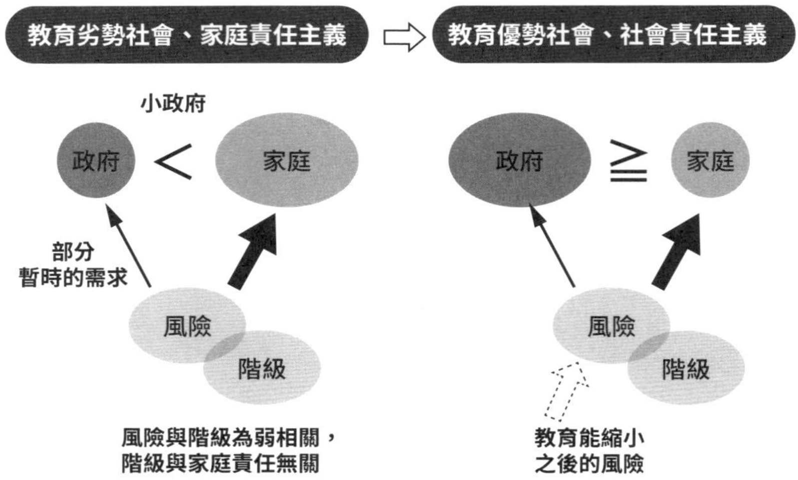

出處：矢野真和、濱中淳子、小川和孝《教育劣勢社會——討論教育費輿論的社會學》91 頁（2016）。

◆日本男性受到「自立」的詛咒

二〇〇〇年代以來，愈來愈多人持續發表育兒和教育的風險，以及政府投資育兒與教育的益處。儘管如此，為什麼選民與政治家都看不出任何變化呢？我認為問題出在日本男性的價值觀與評價人的標準深受高度發展的資本主義影響，遭到「自立」的詛咒所束縛。

本書處處批判男性主導的政治與社會，就我個人的觀察是，現在政界、行政機關、公司行號的男性領導者中，鮮少人兼具真正的溫柔與強悍，也就是重視兒童、了解兒童尊嚴與權利的重要性、嘗試推動重視兒童的政策。

大多數男性都用「自立」與「效率」評價他人，不自覺輕視其實也很脆弱的自己，自然而然歧視兒童與女性，甚至根本沒發現自己無法溫柔待人。**我很強，我很偉大，我賺得多，我很自律，我工作能力很好**——這種「自立意識型態」在以男性為主的組織與社會逐漸深化，蔓延到每個人心中，以致對兒童和家長施以育兒懲罰。

當社會習慣以「有沒有用」來評價眼前的人，不僅造成育兒懲罰，更導致女性與男性、退休老人與在職勞工等各屬性的群體互相攻擊。令人悲傷的是，現在的日本便是如此冷酷無情的「心靈沙漠之國」。

想要改變這個現狀，必須聚焦人類各種「脆弱」之處，擺脫「自立」的詛咒。有些學者嘗試以依賴取代自立，建立新的社會原理[55]。

兒童脆弱幼稚，養育費時費力，必須依賴他人才能存活，和「效率」完全是光譜的兩端，卻值得眾人疼愛。當兒童從社會上消失，我們也能活得幸福嗎？我無法忍受這種社會，所以不斷呼籲大家，無論成人或孩童，大家需要互相了解彼此都很脆弱，別再強行要求人都該自立堅強了。

我期盼每天為育兒奮鬥的家長自行擺脫「自立」、家長應當負責、父母應該負擔所有花費等詛咒，社會與政治也學會尊重不是「好孩子」的兒童。

◆放寬看待他人的心態與社會觀

重視兒童之前，大人要先學會重視自己，這才是善待兒童的基礎。

突然冒出這種言論，大家可能以為我是要傳教還是什麼心靈教主，不過有些讀者可能聯想到《兒童權利公約》或《日本國憲法》的幸福追求權。《兒童權利公約》第三條的最佳利益與《日本國憲法》第十三條的幸福追求權，都是根據人權概念（個人是重要存在，在社會與國家中享有權利）所制定，旨在規範大人與小孩的幸福。

但我感覺很多日本人認為人權是「成人的專利」，所以才不覺得輕視兒童人權有什麼奇怪。《兒童權利公約》規定兒童和成人一樣具有尊嚴與權利，必須實現兒童的最佳利益。目前日本也開始推動《兒童基本法》來為所有相關法規中的兒童權利定位，由各黨派同心協力推動這項法案[56]。

要促進社會善待兒童，必須改變眾人看待人的心態與社會觀。大前提是，大人要先愛護自己，認為獲得幸福很重要。這裡的「幸福」（well-being）不僅限於個人，而是以下的概念：

我很重要，值得獲得幸福。

和我生活在同個時代的成人與兒童也是一樣。

關鍵是重視自己的尊嚴與權利，同時重視與自己不同的他人也有尊嚴與權利，這正是所謂的人權思想。當了解自己和他人彼此之間有連續性，便能對兒童打開心房，溫柔以待。

我透過兒童貧困對策認識許多成人，他們經歷了上述過程後開始善待兒童。比如靜岡市某所學校校長，他原本認為「搞什麼兒童貧困對策，就算找社工來幫忙，那些困苦的孩子也不會有什麼改變」。當時，他面對不聽話又懶散的學童，加上同樣糟糕的家長，已經筋疲力竭。

靜岡市有一套經營很久的制度，名為「學校平台」，目的是串連成人來幫助兒童。校長表示「透過這套制度，先改變的是大人」。這套制度的關鍵字是「察覺」「連結」「養育」，讓成人彼此支持。導入學校安親班與課後輔導後，成人之間的關係出現了改變，例如每天忙到筋疲力竭，沒有餘力多關心學生的教師開始察覺「學童受到許多人疼愛」，不再定罪他們是「壞孩子」、「爛家長」，逐漸放寬心胸，變得溫柔[57]。

換句話說，成人之間藉由「連結」與「養育」產生重視彼此的意識，開始對兒童敞開心胸，溫柔以待。兒童本身並未改變，但是眾人對兒童的看法改變了，也進而改變對兒童的態度。我在援助貧困案例的第一線目睹了好幾次這種變化。

我常被文科省官僚批評「很嚴厲」，但自從遇見了生活窘困的孩童與家長，努力朝溫柔熱情的方向邁進。成人建立慰勞彼此、互相尊重的關係，正是「善待兒童的溫馨社會」的基礎。

◆你與我與兒童都很重要，值得獲得幸福

我要再次強調，成人抱持「溫柔、溫暖、開放」的心，是消滅育兒懲罰的重要一步。儘管生活艱苦，也要相信自己值得獲得幸福。

先前提到的本田教授在《即使如此，孩子還是繼續減少》提出以下主張：

生育一個生命，代表接下這項工作會帶來沉重的辛勞與忍耐，可能是經年累月付出無償行為卻無法獲得任何回報。同時也是充實自己的人生，甚至是為他人投注、消費、貢獻的行為。持續這樣的行為，需要某種心靈歸屬。

（中略）

除此之外或超出此外，需要的是接納兒童來到這個社會的「更明確的什麼」。我知道把對立的物質與心靈相比較徒費無益，不過硬要說的話，生育需要的是無法以物質回饋的「精神價值」，這便是對子女這種他人無償貢獻時所需的心靈歸屬。

（本田和子《即使如此，孩子還是繼續減少》二三〇～二三一頁）

接納兒童來到這個社會的「更明確的什麼」、對子女這種他人無償貢獻時所需的心靈歸屬——「精神價值」（本田教授表示精神價值與「信仰」有共通之處），究竟是什麼呢？我的見解是，接納兒童之前，大家要先相信自己是值得社會接納的重要存在。現代社會因為市場經濟主義淪為心靈沙漠，要恢復信賴、愛心、體貼，必須詢問彼此：「你究竟是誰？」58

我認為答案如下：

你與我與兒童都很重要，值得獲得幸福。

想要改變對兒童與家長冷漠無情的社會，光是呼籲大家重視親子、共同承擔風險是不夠的。經濟至上主義支配了這個世界一個半世紀，「自立意識型態」的詛咒已經深植人心。成人必須先察覺自己受到詛咒束縛，擺脫詛咒，相信自己值得獲得幸福，我認為這就是治癒育兒懲罰的療法。

當更多成人共享這種價值觀，開始行動，不僅是政治與社會等制度框架，連日常生活中的育兒懲罰都會一點一滴消失。

這個答案沒有任何資料與證據佐證，而是我從至今遇到的每一位兒童、青少年、成人身上所感受到的。即使生活困窘，這些大人孩子依舊和我分享現況，抱持溫暖的心，願意一起改變社會。我和陪伴眾人的公益團體一起工作、思考、同甘共苦的過程中，得出了這個解答。

讓兒童再次走出家庭與學校的束縛，與當地社群、社會、成人建立關係，並和其他兒童一起成長——日本各地已經悄悄出現這種「公領域」，逐漸發展擴大。

我相信本書能在每一位讀者的心中撒下「兒童天堂」的種子，讓大家對孩子、對家長、對其他成人都能露出溫暖微笑的種子。總有一天，種子會冒出新芽，茁壯成長，改變日本。

---

1 本田和子（二〇〇七）《避諱兒童的時代——為何生子變得如此困難？》新曜社。

2 小林雅之（二〇一二）〈家計負擔與獎學金、學費（玉川大學出版部）〉日本高等教育學會《高等教育研究　第十五集》一一五頁。

3 文部科學省〈私立大學等二〇一九年度入學學生之學生繳納金等調查結果〉〈https://www.mext.go.jp/a_menu/koutou/shinkou/07021403/1412031_00002.htm〉。

4 文部科學省（二〇一八）《二〇一八年度文部科學白皮書》〈https://www.mext.go.jp/b_menu/hakusho/html/hpab201901/detail/1421904.htm〉。

5 小林雅之（二〇〇八）《升學格差》筑摩新書　七八頁。

6 小鹽隆士（二〇〇二）《教育經濟分析》日本評論社。

7 Gary S. Becker, 1991, *A Treatise on the Family: Enlarged Edition*, Harvard University Press pp.277-299.

8 末富芳（二〇一〇）《教育費的政治經濟學》勁草書房　一三八～一四〇頁。

9 遠藤里美與島一則（二〇一九）〈女子高等教育投資報酬率的變化與現況—時序變化與人生各階段大事之報酬率推估—〉生活經濟學會《生活經濟學研究　第四十九卷》四一～五六頁〈https://www.jstage.jst.go.jp/article/seikatsukeizaigaku/49/0/49_41/_article/-char/ja〉。
北條雅一（二〇一八）〈學歷報酬率研究之現況與課題〉《日本勞動研究雜誌　第六百九十四號》二九～三八頁。

10 內閣府（二〇二〇）《高齡社會白皮書》三三頁〈https://www8.cao.go.jp/kourei/whitepaper/w-2020/zenbun/pdf/1s2s_02.pdf〉。

11 竹澤尚一郎（一九九六）〈贈與、交換、權力〉《市場和贈與的社會學》岩波書店　八〇頁。

12 濱名篤（二〇〇四）《家長眼中的學費負擔—參考開放式回答—》佐藤香等人《非營利組織的私立大學經營動向相關驗證研究》二〇〇一～二〇〇三年度科學研究費補助金報告　七八～九一頁。

13 末富芳（二〇一〇）《教育費的政治經濟學》勁草書房　一五六～一六一頁。

14 山田昌弘（二〇二〇）《日本少子化政策為何失敗？》光文社新書　六六～六七頁。

15 本田和子（二〇〇七）《避諱兒童的時代——為何生子變得如此困難？》新曜社　五五～六四頁、二九〇～二九四頁。

16 中村敏子（二〇二一）《女性歧視是如何形成？》集英社新書　一五一～一五五頁。

17 本田和子（二〇〇七）《避諱兒童的時代——為何生子變得如此困難？》新曜社　九～一〇頁。

18 伊莎貝拉・博兒著、吳煒聲譯（二〇一九）《日本奧地紀行：從東京到東北、北海道，十九世紀的日本原鄉探索之旅》遠足文化。

19 中村敏子（二〇二一）《女性歧視是如何形成？》集英社新書　一〇二～一〇九頁。

20 中村敏子（二〇二一）《女性歧視是如何形成？》集英社新書　一五一～一六七頁。

21 田間泰子（二〇〇五）〈親子關係與生殖技術—戰後日本近代家庭成立的一面—〉關西社會學會《論壇現代社會學　第四卷》三八～四七頁〈https://www.jstage.jst.go.jp/article/ksr/4/0/4_KJ00008433437/_pdf/-char/ja〉。

22 山田昌弘（二〇〇一）《名為家庭的風險》勁草書房　一六頁。

23 本田和子（二〇〇九）《即使如此，孩子還是繼續減少》筑摩新書　一一九～一三八頁。
石岡學（二〇〇四）《「理想兒童」的健康優良兒》日本教育社會學會《教育社會學研究　第七十五集》六五～八四頁〈https://www.jstage.jst.go.jp/article/eds1951/75/0/75_0_65/_pdf/-char/ja〉。

24 本田和子（二〇〇九）《即使如此，孩子還是繼續減少》筑摩新書　一一七～一六四頁。
柏木惠子（二〇〇一）《兒童的價值—少子化時代的女性心理—》中公新書　三六～三八頁。

25 柳田國男（一九七六）《兒童風土記／母親手毬歌》岩波新書　四四～四五頁。

26 柳治男（二〇〇五）《「班級」的歷史學—懷疑理所當然的空間—》講談社選書métier　一四六～一四七頁。

27 柳田國男（一九七六）《兒童風土記／母親手毬歌》岩波新書　六一～六二頁、六五～六六頁。

28 柳治男（二〇〇五）《「班級」的歷史學—懷疑理所當然的空間—》講談社選書métier　一四三～一四四頁。

29 苫野一德（二〇一九）《重建「學校」》河出新書　二五頁。

本田和子（二〇〇九）《即使如此，孩子還是繼續減少》筑摩新書　一五二～一五六頁。
30 本田和子（二〇〇九）《即使如此，孩子還是繼續減少》筑摩新書　一五六頁。
31 本田和子（二〇〇七）《避諱兒童的時代——為何生子變得如此困難？》新曜社　八頁、二九〇～二九四頁。
32 厚生勞動省（二〇一四）《二〇一四年版厚生勞動白皮書～健康、預防元年～》〈https://www.mhlw.go.jp/wp/hakusyo/kousei/14/backdata/1-1-2-01.html〉。
33 厚生勞動省（二〇一九）《二〇一九人口動態統計月報年計（概數）概況》三頁〈https://www.mhlw.go.jp/toukei/saikin/hw/jinkou/geppo/nengai19/dl/kekka.pdf〉。
34 柏木惠子（二〇〇一）《兒童的價值—少子化時代的女性心理—》中公新書　五五～五六頁。
35 國立教育政策研究所（二〇一二）〈我國學校教育制度史〉〈https://www.nier.go.jp/04_kenkyu_annai/pdf/kenkyu_01.pdf〉。
36 苅谷剛彥（一九九五）《大眾教育社會的走向—學歷主義與平等神話的戰後史—》中公新書。
37 內閣府《男女共同參加白皮書　二〇一八年版》〈https://www.gender.go.jp/about_danjo/whitepaper/h30/gaiyou/html/honpen/b1_s05.html〉。
38 文部科學省（二〇二〇）《二〇二〇年度學校基本調查　總括表四》〈https://e-stat.go.jp/stat-search/files?page=1&toukei=0040001&tstat=000001011528〉。
39 本田和子（二〇〇九）《即使如此，孩子還是繼續減少》筑摩新書　一八四～一八九頁。
40 山田昌弘（二〇二〇）《日本少子化政策為何失敗？》光文社新書　一四頁與一一九頁。
41 中村敏子（二〇二一）《女性歧視是如何形成？》集英社新書　一五三～一五四頁、一八一頁。
42 小西祐馬（二〇一九）〈大家一起保護「兒童的世界」—如何跨越家庭主義—〉小西祐馬與川田學編《兒童貧困系列二　玩耍、培養、經驗—保護兒童的世界—》明石書店　三三二頁。
本田由紀與伊藤公雄（二〇一七）《國家為何干涉家庭？法案與政策背後》青弓社。

43 小入羽秀敬（二〇一九）《私立學校政策推廣與地方財政—關於贊助私學的政府間關係—》吉田書店　一九三頁。

44 末富芳（二〇二〇）〈教育機會均等〉本圖愛實與末富芳《新・教育制度與經營（第三次修訂版）》學事出版　四五～四七頁。

45 黑川祥子（二〇一八）《不需親師協會論》新潮新書　八二頁。

46 矢野真和（二〇一六）〈決定政策輿論的不是階級〉矢野真和、濱中淳子、小川和孝《教育劣勢社會—討論教育費輿論的社會學—》岩波書局　八三～八四頁。

中澤涉（二〇一四）《為什麼日本的公共教育費如此之少？—探究教育的公共角色—》勁草書房　三〇四頁。

47 矢野真和（二〇一六）〈「教育劣勢的不平等社會」的終生教師對策〉矢野真和、濱中淳子、小川和孝《教育劣勢社會——討論教育費輿論的社會學》岩波書局　一七七頁。

48 白川優治（二〇一七）〈源自貧困的大學升學與獎學金制度課題〉末富芳編著《兒童貧困對策與教育援助——為了更好的政策、聯合與合作》明石書店　二四〇頁。

49 矢野真和（二〇一六）〈決定政策輿論的不是階級〉矢野真和、濱中淳子、小川和孝《教育劣勢社會—討論教育費輿論的社會學—》岩波書局　九〇～九三頁。

50 大岡賴光（二〇一四）《教育不能只交給家庭—從保障大學升學到托育免費—》四六～四八頁。

51 廣瀨義德與櫻井啟太（二〇二〇）〈序言〉廣瀨義德與櫻井啟太編（二〇二〇）《強迫自立的社會》Impact出版會　五～十六頁。

52 末富芳（二〇一〇）《教育費的政治經濟學》勁草書房　一六五～一九四頁。

53 本田和子（二〇〇九）《即使如此，孩子還是繼續減少》筑摩新書　一八四～一八九頁。

54 柴田悠（二〇一六《援助育兒能拯救日本—政策效果之統計分析—》勁草書房。

日本財團兒童對策團隊（二〇一六）《徹底調查　兒童貧困將毀滅日本　社會損失四十兆日圓的

衝擊》文春新書。

55 廣瀨義德（二〇二〇）〈個人自立與自律的幻想與「共生」的根據〉廣瀨義德與櫻井啟太編《強迫自立的社會》Impact出版會 一八～三三頁。

櫻井啟太（二〇二〇）〈依賴的復權論 序〉廣瀨義德與櫻井啟太編《強迫自立的社會》Impact出版會 三四～五三頁。

松下佳代（二〇〇九）〈能力、幸福，以及幸福感〉子安增生編《邁向希望的教育》NAKANISHIYA出版 三七～六〇頁。

56 〈兒童提出主張：「制定《兒童基本法》」〉《中日新聞》二〇二一年五月五日報導。

57 末富芳、川口正義（二〇一七）〈靜岡市學校平台化〉末富芳編著《兒童貧困對策與教育援助——為了更好的政策、聯合與合作》明石書店 二五四～二六九頁。

58 中澤新一（二〇〇三）《愛與經濟的羅各斯 野蠻筆記》講談社選書métier 一八九～二〇五頁。

第四章

【末富芳×櫻井啓太】

從育兒懲罰轉變為「育兒紅利」

「子育て罰」大国から
「子育てボーナス」社会へ!

櫻井啟太　Sakura Keita

1984年生於大阪府。大阪市立大學研究所創造都市研究科博士課程修畢。創造都市博士。曾為堺市公務員、名古屋市立大學講師與副教授，目前為立命館大學產業社會學院副教授。研究主題為貧困問題與生活扶助。著作包括《探究「援助自立」的社會救助——生活扶助、最低薪資與窮忙族》（法律文化社）與《強迫自立的社會》（Impact出版會）等。

末富芳　Suetomi Kaori

1974年生於山口縣。京都大學教育學院學士，京都大學研究所教育學博士課程修畢，神戶大學研究所博士。之前為福岡教育大學副教授，目前擔任日本大學文理學系教授。政府委員經歷豐富，包括內閣府兒童貧困對策學者專家會議成員（2014年～）與文部科學省中央教育審議會臨時委員（2020年～）。著作包含《教育費的政治經濟學》（勁草書房）等。

——（責任編輯，以下同）關於本書主題「育兒懲罰」，我們邀請末富芳老師執筆時，老師表示「希望和創造這個譯名的櫻井啟太老師共著，可以的話希望也能有對談機會」。末富老師研究教育學，櫻井老師研究社會福利，各有其專精領域。這次是兩位老師第一次深入對談，兩人對兒童與弱勢族群的看法有許多共通點。在對談開始前，先請兩位老師自我介紹。

櫻井　我是櫻井啟太，目前在立命館大學教書。我的專攻是貧困問題，研究對象不限兒童也包括成人，還有生活補助相關問題。大學畢業後我先是在關西的地方政府任職，站在第一線當了十年的社工。

——櫻井老師當初為什麼會去當地方政府的社工呢？

櫻井　我當時是應徵地方政府的社會福利職員，分發到哪個部門看機運，可能是兒童諮詢所（譯注：根據《兒童福利法》所設置的機構，工作內容包括接受家長諮詢、防止兒童受虐、輔導非行少年等）或身心障礙福利相關部門，也可能是負責生活補助的福利事務所。正好我大學時學過社會分層，讀過布赫迪厄[1]，所以也想去福利事務所。去了之後才發現日本的貧困問題比我想的還嚴重。

末富　您是什麼時候開始當社工的呢？

櫻井　我是二〇〇七年入行，當時正逢階段性削減單親媽媽的生活補助津貼。本來大概是每個月加給兩萬，我的第一個工作卻是刪減這個行之有年的補助。

末富　內心一定很煎熬。

櫻井　這份津貼後來在民主黨執政時追加回來。所以我在第一線真真切切感受到政治直接影響貧困家庭的生死，那時北九州陸續發生餓死事件[2]。

末富　我印象很深刻，死者留下的遺言是「好想吃飯糰」。

櫻井　隔年是二〇〇八年，發生金融海嘯。

末富　對！

櫻井　當時出現跨年派遣村[3]，需要生活補助的家庭急速增加。二〇一二年十二月

安倍晉三上任後便下令隔年調降生活補助額度，而且不僅限單親媽媽，是針對所有人，調幅最大一〇%，平均六·五%。政權瘋狂打擊貧困階層，削減現金給付。我在福利事務所待到二〇一三年，這些第一線經歷深深影響了我日後的研究方向。

——櫻井老師親眼目睹了時代變化與貧困階層的艱辛。接下來請末富老師自我介紹。

末富　我是末富芳，在日本大學任教，二〇一〇年擔任內閣府兒童貧困對策學者專家委員。我原本是教育學學者，主要研究教育費問題，並不是兒童貧困專家。當上委員後，我和當事人、援助方、其他學者對話交流，一起思考行動，學到了很多。二〇一六年我擔任US NOVA[4]理事長，從教育費用與兒童貧困兩種角度看到日本對親子施以育兒懲罰。我和櫻井老師則是在二〇一八年的一場兒童貧困活動上認識。

4.1 大家的誤解

櫻井 我們先從很多人會誤解的「育兒懲罰」一詞開始解釋吧。

末富 我在「Yahoo! News個人」發表育兒懲罰日益加重的文章[5]時，遇到留言的網友誤會這個詞。櫻井老師在「SYNODOS」網站[6]上的情況如何呢？

櫻井 我也是。社群媒體出現一些「育兒不是懲罰」的回應，但這並非我的本意。

末富 果然櫻井老師也是一樣。愈是重視養育小孩的人，愈是抗拒這個詞。所以我和櫻井老師在上一章都提到必須重新釐清這個詞的定義。

櫻井 沒錯。

末富 育兒懲罰來自Child Penalty，主要針對養育子女的家長，不過這種角色多半是女性。

櫻井 也就是接受懲罰的幾乎都是女性。

末富 例如薪水，在日本還有育嬰假、媽媽軌道等就業升遷相關歧視。育兒懲罰的「罰」是指，女性因為育兒遭遇薪資和工作環境的不公對待。我是想藉由這個詞指出育兒中的家長，尤其是女性處於相當不利的狀態，希望讓更多人能理解。

櫻井 是啊。

末富 總之，這本書是嘗試思考什麼才是日本社會和政治的理想狀態。〈前言〉提到現在的政治和社會對親子冷漠嚴酷，這就是育兒懲罰。所以錯的不是家長，而是當前的社會和政治不分人民的所得多寡，都對辛苦育兒的家長施以懲罰。責任出在政治和社會，應該消滅這種行為。

櫻井 我在第二章詳述當初翻譯Child Penalty時，選擇合適的詞彙實在是件困難的事。直譯是「兒童懲罰」，但完全無法表達出真正意涵。兒童貧困也是一樣，一加上「兒童」兩個字，就會變成一味討論「可憐的小孩」。所以必須譯成「育兒」，探究整個大環境。

末富　我自己也是無意識把這個詞解釋成「有小孩所以被懲罰」，看到櫻井老師翻作「育兒懲罰」時恍然大悟，心想這樣才對！

櫻井　謝謝末富老師。

末富　大澤真理老師[7]曾提到日本的政策是懲罰就業的家長，果然探究到最後會發現育兒跟懲罰是連在一起的。要證明育兒懲罰，必須分析政策、所得再分配，並指出懲罰的證據。實際上從相關數據、自民黨幹部多為高齡男性的情況來看，就能知道日本政治對兒童和家長多麼冷酷無情。

櫻井　希望本書能凸顯政治與社會結構導致育兒的人和育兒行為陷入困境。

◆在職場不斷承受育兒懲罰

——末富老師本身經歷過育兒懲罰嗎？

末富　我從生產前就感受到了。首先是產檢為什麼這麼貴？產檢補助不足，低所得階層產檢必須部分自費，生了孩子又排不進托育所，種種情況都花錢又壓力大。

櫻井 真的是這樣。

末富 時間也完全不夠用。我想所有兼顧育兒和工作的家長都因為工作壓縮到育兒時間，像學校有時居然在傍晚六點開會。

櫻井 我們學校也是。

末富 有小孩就沒辦法參加傍晚的會議。這年頭有線上會議，還能想辦法參加。但如果說無法出席，有時還會被白眼。

櫻井 我懂，真的很過分。

末富 我自己有過非常不愉快的經驗。在〈前言〉裡只提到一點，我因為要處理必要手續、跟學生面談、參加學生畢業論文讀書會，不得不帶著出生沒多久的孩子去學校。大多數老師跟職員都誇小孩很可愛，恭喜我生孩子，事務課的人卻罵我不該在產假期間來學校，會給學校造成麻煩。他們跑去跟系主任告狀，結果我被系主任訓了一頓，讓我非常難過。

——末富老師那時產假[8]代表才生完不到兩個月，也不能請育嬰假。

末富 對，那時小孩還不到兩個月大。後來我每次去學校前，都會先寫信請求系主任和負責的主管：「我有事情一定得去學校，請問我可以帶小孩去嗎？」因為我不斷溝通，他們才逐漸改變想法。後來，需要育兒的教職員若在假日去學校，校方會負責請保母照顧小孩，因為我提議「如果不能帶小孩去學校，補助保母費讓我們能安心把小孩留在家裡也行」。

櫻井 情況慢慢改善了。

末富 是啊！但是我生老么已經是七年前的事。七年前的日本對親子如此不友善，簡直像「陳美齡與林真理子之爭」，尚未平息。

櫻井 二〇一〇年代的大學正職員工還得受到這樣的對待。

末富 我實際體會到，原來女生光是生個孩子就會遭遇嚴酷的對待，深深覺得這個國家對家長無情得可怕。我在上一個職場懷了老大，當時我負責成立研究所，工作繁重，再繼續工作下去極可能流產，所以我一個一個拜託同事，請求大家分擔我的工作，某個同事居然關起房門對我怒吼。

櫻井 這太過分了……

末富 我想那個同事大概也是工作繁重，瀕臨極限。因為學校無法安排更多人手，導致人力短缺，光是一個同事懷孕就左支右絀。雖然現在大多數同事都對小孩很友善，但位居高位的男性管理層對小孩的態度依然很冷淡，所以很多家長還是很辛苦，就連我是正職員工也是如此。

櫻井　非典型就業的女性更辛苦了。

末富　沒錯。櫻井老師在專欄寫到，新冠肺炎導致非典型就業的母親立刻失業或薪資調降，正是典型的育兒懲罰。我無法原諒政府從不體貼母親，毫不為她們著想。

4.2 育兒懲罰與貧困

末富　我實際接觸貧困兒青後發現，比起教育，他們更迫切需要食衣住的援助。最新資料顯示兒童貧困率是一三．五％[10]。有些家庭的確吃不飽、穿不暖。所以我們在二〇一九年修訂最新版的兒童貧困大綱時，加入了基本食衣與維生物資短缺的貧困家庭比率。

櫻井　二〇一九年的資料顯示食衣匱乏的家庭約有兩成，高達兩成的民眾正在經歷飢寒交迫的生活。

末富　也就是基本需求未獲得滿足。這種聽起來像是難民或貧困國家才會出現的飢餓問題，在日本也是進行式。我非常驚訝明明國民飢寒交迫，政府卻視而不見。

櫻井　真的讓人非常震驚。

末富　身為教育學專家，可以確定不論安倍政府或民主黨的主要支出都是幼兒教育免學費，低所得階層則是上私立高中和大學免費。但我同時身為社會學學者，最在意的是提供受教權前，先解決飢餓問題。內閣府會議的議事錄應該記錄了我明明是教育學學者卻表示「教育不是重點，應該先增加補助食衣住的兒童津貼與育兒津貼」，因為實際情況就是這麼危急。

櫻井　這是真的。

末富　另一方面，並不是錢賺得多，日子就過得輕鬆。第一章提到夫妻年薪合計超過九百一十萬，子女便無法享有私立高中免學費[11]。在日本是賺愈多，獲得的社會福利愈少。我以前做研究調查時，就遇到家長感嘆自己究竟是為了什麼工作賺錢？我也有小孩，非常理解大家的無奈，甚至有夫妻想紙上離婚。

櫻井　政府提供的補助就是這麼少。

末富　是的，生一個小孩辛苦，生兩個、三個更辛苦。我一直認為中高所得階層認真工作，繳納稅金年金，努力養育子女，政府卻一再削減津貼，這個國家實在太奇怪了。不只對低所得冷酷無情，對中高所得也毫不手下留情，這就是身為教育費專家眼中的日本。

◆排富條款加深社會對立

末富　坐在這裡的三人都是正職，薪水也算不錯，但我們都不曾覺得政府給過什麼幫助吧！

——　是啊！反倒感覺政府對我們施以育兒懲罰，大家更是覺得養育孩子是個人責任。超高所得家庭深知「政府不會幫我們，必須自己來」，把賺來的錢用在自家孩子身上，結

果貧富差距愈來愈大。想到大家認為只要自己孩子好就好，就覺得很悲傷。

末富 我懂。政府認為排富條款是理所當然，現在連兒童津貼都取消，高所得家庭就真的一點育兒福利都沒有了。學生支援機構的學生貸款也設有排富條款[12]，常聽到年收入一千萬以上的家庭想為第三個孩子申請學貸，但因為收入高，無法通過書面審查，只好去向民間銀行或信用金庫借貸。我任教的大學也有這種案例。

櫻井 在日本育兒所費不貲，制度卻根據家長表面的收入來刪減補助。

末富 政治家對這些現狀視若無睹，尤其是自民黨的高齡男性政治家。

櫻井 不只自民黨，連在野黨也認為應該設定排富條款，實在是很危險的想法。

末富 我也覺得很危險。為什麼歐洲的社會福利是普及主義，因為他們認為每一個兒童都是權利的主體。無論家長是貧是富，誰也無法預測到了子女的世代會發生什麼事。正因為他們認為大人和小孩都是權利主體，所以對所有兒童發放給付，對經濟狀況窘困的家庭則採取加給。所有先進國中當中只有日本例外。

櫻井 排富條款其實沒有絲毫益處。就算是年收入好幾千萬的家庭，若能領到國家給付，感受到社會的恩惠，進而建立自己是社會一員的認知，這便是社會連帶關係。況且用金額來篩選是否發放給付，也是徒增行政人員的工作，從成本來看並不合理，不過是拉大貧富差距、加深社會對立罷了。

末富　是的，這個社會相當嫉妒有錢人。

櫻井　我記得二〇〇九年民主黨推行兒童津貼時，很多人抨擊「連有錢人都發放」。

末富　出生在高所得家庭的人，如果小時候領過兒童津貼，長大後便能理解自己繳的稅金是拿來用在下一個世代的重要財源，也會乖乖納稅。我很擔心現在的政策會讓高所得家長討厭日本，認為「既然什麼福利都沒有，乾脆移民到國外去好了」。

櫻井　政策必須建立社會的連帶關係。

末富　我很懷疑是不是根本沒幾個政治家理解，稅金重新分配到每一位國民身上是整合社會的重要元素。

櫻井　現在愈來愈多外國人來到日本工作，但日本對移民也很不友善。

末富　想讓移民認真工作，依法納稅，和日本人共存，就得建立對兒童友善、支持生育的社會，外國人感受到這點才會真正定居下來。現在定居在日本的外國人一邊辛苦育兒，同時忍受著這個國家的冷漠，入學考試也遭受歧視。

櫻井　日本對移民相當嚴苛。

末富　是的。高中大學不會為了不擅長日文的孩子安排專門的入學考試；儘管有學費減免，金額還是相當龐大。即使是收入穩定的外籍家長，要讓孩子念高中也不容易。我任教的大學附近有間尼泊爾餐廳，餐廳老闆支持女兒念高中，但他也跟我訴苦：「日本的學校好花錢啊！」我建議他申請高中免學費[13]。東京都對高中生的補助辦法很多，但也沒有到全額減免的地步。我們討論到「有的學校除了學費，一年還要繳幾十萬」，我連忙對他說「真是不好意思」。日本絕不是個容易生活的地方。

——**日本對小孩冷漠，對外國人也冷酷，之後會亡國吧……**

末富　我不希望日本就此消失，畢竟這裡也有優點。所以必須改變社會。社會改變了，政治也會隨之改變。

◆兒童貧困與家長貧困

櫻井　有陣子很流行女性貧困、老人貧困等「○○貧困」的說法，媒體煽情的報導更加消費這些族群。提出大家未曾正視的問題，喚起眾人注意當然有其意義，但過度聚焦很可能導致其他部分被忽略。例如鎖定「兒童貧困」，養育兒童的成人，還有成人本身的貧困就容易被忽視。兒童不可能獨自貧困，因為小孩本來就沒有收入。當然像蘆田愛菜[14]這樣的童星就是例外了。

末富　確實如此。

櫻井　撇開特殊案例，基本上兒童是沒有收入的。一味聚焦在兒童身上，便看不見家長的貧困，簡直本末倒置，實在太奇怪了。

末富　兒童的貧困是以兒童所居住的家庭收入來計算，但家長的貧困卻隱藏在「兒童貧困」一詞的背後。兒童貧困正確來說是「養育兒童的家庭貧困」。

櫻井　主要原因是家長收入少、薪資低等結構性問題。

末富　都市與鄉村的貧富差距劇烈，鄉下的貧困是因為工作機會少，很常聽到年收入連一百萬都不到的親子家庭卻沒有領育兒津貼。有些家庭偶然遇上社福團體幫忙，社福人員看了也很難過，心想這一家子究竟是怎麼撐過來的。小孩有戶籍，代表當年報了戶口。但報戶口時，公所卻沒有教他們如何申請生活補助和育兒津貼，可見公所對待窮困老百姓也是非常冷漠。

櫻井 一般提到貧困，舉的例子都是單親家庭。其實末富老師在第一章就提到，雙親家庭也有貧困問題，而且貧困家庭一定是雙親多於單親。

末富 沒錯，雙親家庭絕對多於單親家庭。

櫻井 一些學者也不太常提到這件事。說到貧困家庭，一般浮現腦海的是接受生活補助的家庭，其實這樣的家庭僅占整體貧困家庭的一．六％，兒童貧困率卻高達一三．五％。考量到兒童貧困率，應接受生活補助的家庭實際上多達十倍也不奇怪。

末富 情況真的很嚴重。

櫻井 所以，與其關注特定對象，造成貧困階層的分裂，不如以更宏觀的角度，考量各種不利情況，不只從貧困，更從社會排除、家庭照護、社會格差等各種切入點來思考。

末富 獨立行政法人勞動政策研究研習機構的周燕飛老師[15]根據二〇一六年厚勞省的《國民生活基礎調查》計算出雙親家庭的貧困率（圖4-1）是一〇．七％。日本九成的家庭是雙親家庭，代表貧困雙親家庭的孩子約一百九十三萬人，貧困單親家

圖 4-1　家庭類型別貧困兒童的人數（2016 年）

	家庭（小家庭）總數（單位：千戶）	子女平均人數（單位：人）	貧困率	貧困兒童人數（單位：千人）
單親家庭	810	1.9	50.8%	782【28.9%】
雙親家庭	8,576	2.1	10.7%	1,927【71.1%】
合計	9,386	2.1	13.9%	2,709【100.0%】

出處：內閣府「兒童貧困對策相關學者專家會議」（第12次資料）周燕飛「兒童貧困與家長的就業輔導」（2019）。

庭的孩子則約七十八萬人，前者比後者多了兩倍以上。

櫻井　沒錯。

末富　即使是雙親家庭，又分為雙薪與丈夫收入少、太太沒工作的案例。日本鄉下工作機會有限，學歷低的人更難找到工作。有些貧困案例因為社會經驗不足，或之前工作造成心靈創傷，留下「工作好可怕」的恐懼感，難以重返社會就業，形成貧困連鎖。

櫻井　許多貧困階層遭到忽略。

末富　很多人認為貧困只發生在都市，其實無論都市或鄉下都可能出現貧困問題。以人口來說，鄉下其實非常多。所以不分出生家庭、出生地，兒童都可能陷入貧困。尤其是女性，有了孩子便不利就業，光是有孩子就直接提高貧困風險。

櫻井　我當社工時真的遇到很多案例，但要跟大家分享第一線情況其實不太容易。

末富　是啊，分享時必須去識別化到一定程度。在學校常聽到的例子是家長，尤其是領取生活補助的家長沒有盡到為人父母的職責。有些家長酒精成癮或罹患重鬱症，還有很多人近乎臥病在床，也沒有理財的觀念，大冬天買不起鞋子，小孩只能穿涼鞋，大人自己也只穿拖鞋。所以單單補助教育費沒辦法解決問題，唯有實際接觸貧困兒童的團體和學者才會知道，最要緊的是先買鞋子讓孩子穿了去上學，讓家長和孩子都有錢買保暖的衣物。

櫻井　末富老師說得沒錯。

末富　最好的解決辦法是跟當地社群互助合作。公益團體裡有些好心人會教導貧困家庭如何用錢和儲蓄；也有校方願意張開雙手擁抱孩子，鼓勵他們：「你今天遲到了喔，但你還是精神飽滿地來上學，真的很努力！」但這樣的團體跟學校都太少了。

◆解決兒童貧困的前提並非教育

櫻井　討論兒童貧困時，很多政治家跟學者都說這是教育問題。但末富老師總是把錢掛在嘴上，在這方面，我覺得我和老師心有靈犀一點通。不過這在教育學學者當中算是異端了吧！

末富　我們的確是異端（笑）。

櫻井　很少有教育學學者會一天到晚講錢錢錢吧（笑）！

末富　在第一線實際遇到協助困苦案例的老師和社工，都跟我很聊得來。只要孩子願意來上學，總會有辦法。但家裡實在太辛苦了，所以一些學校會提倡「先協助家長，才幫得上孩子」。想要幫助家長，首要還是錢。

櫻井　畢竟沒錢就無法生活。

末富　我最近有時覺得叫自己教育學學者很奇怪。站在第一線和分析資料後，衷心覺得補助教育前，要先解決絕對貧困的問題，讓低收入者不再飢寒交迫。

櫻井　但最近連社福學者都不再強調錢，而是提倡教育，這實在有點糟糕，提倡金錢補助的聲音一年比一年微弱。學界傾向「多為教育用心」，政府也一直刪減生活補助津貼，不斷增加補助學習的預算。

末富　這的確很令人憂心。

櫻井　學校也是兒童的「歸屬」之一，輔導學習當然重要，但無論教得多好，要是學生在家裡沒有自己的房間，甚至書桌、課本、文具都沒有，提倡教育不過是表面工夫。近年來，未滿十八歲卻負責照顧家人的「兒少照顧者」也受到矚目。明明必須認真思考為什麼會出現這些問題，大家卻把焦點和心力放在教育上。

末富　這樣很糟糕。

櫻井　真的很糟。

末富　學齡教育和就學前教育都對兒童相當有意義，能在學校這個大團體中學習各種規矩，最近發現非認知技能也很重要。另外，移民家庭也有一定人數屬於貧困階層，自然需要透過學校教育學習日本文化和日語。但要主動學習，或至少能自立，需要的是穩定的家庭生活，否則絕對做不到，這是我身為社科學者的結論。但很多教育學學者都很喜歡學校。

櫻井　對，大家都很喜歡學校。

末富　重點就在這裡！我也覺得學校很重要，不過生活與教育雙方面都得給予援助，兒童才有辦法努力，有多少人連努力的心都被奪走了！教育學學者當中，松岡亮二[16]也提出相同主張。他討論的雖然是教育格差，但透過資料分析可以明確知道，日本很多孩子連抱持努力的心都做不到，表示這個國家階級差距之大，不過是個「平庸的教育格差社會」，長期以來無視底層的兒童。即使研究的是教育，從格差角度切入便能發現這不僅是教育的問題。

——中高所得階層也擔心自己的未來，很難有餘力為低所得階層著想。

末富　對啊，但我感覺最近愈來愈多人關注這些事了，疫情也加深了育兒家庭的連帶感。社福團體收到的捐款中除了長者，也愈來愈多是年齡相近的育兒家庭捐出的小額款項。

櫻井　好像看到一線希望。

末富　新聞報導過冰箱空空如也的家庭，不少家長看到這樣的新聞紛紛捐款援助，算是新冠疫情帶來的一點好事吧！

櫻井　是啊。

末富　因為政府給的幫助實在太少，反而促進民眾建立社會連帶關係。有些老人家會嚴厲警告在公園玩的小孩太吵，但還是有一定比例的長者經常捐款。疫情促使日本人跨越世代互助合作，育兒家庭也是。當義工也好，捐款也罷，大家愈來愈常互助合作，我相信社會不會只朝對立的方向前進。無論有無子女，大家一起合作，一同活下去，我想這是日本社會少數的希望。

4.3 育兒懲罰與政治

櫻井　政治家和官僚都提不出具體政策。上野千鶴子演講時提到「戰略、戰術、戰鬥」，戰略是制度，戰術是運用，戰鬥則是在第一線實踐。即使戰略和戰術不能用，還是可以靠第一線人員想辦法解決問題。在第一線的真的都是好人，又善於實踐。結果上面的問題都靠底下的人收拾，日本從二戰以來一直維持這樣的體制。

末富　對，全靠第一線的公務員和社福團體彌補不足，但他們的薪水絕對稱不上豐厚。非營利團體工作者的待遇實在太差了，厚勞省、文科省、地方政府也是一樣。今天之所以能維持住現況，都靠第一線人員、學校教職員、教保員全心全意投入，上層機關規畫的戰略跟戰術根本不實用。

櫻井　末富老師說得沒錯，站在第一線戰鬥的人愈是努力，愈是彌補了政策的不足。當然我知道官僚不是都在偷懶。

末富　政治家也好，官僚也罷，都沒有依據資料掌握社會現況，判斷大局。這個國家是循政決策（Evidence Based Policy Making），也就是根據資料來制定政策。循政決策本來是醫界的做法，因為醫療是從檢查和診斷開始。學者和厚勞省都會提出各種資料，但即使提出檢查結果，政治家卻不願診斷，例如兒童貧困問題就沒制定數據目標。

——也就是沒有根據證據來設定目標嗎？

末富　對。我沒有強求讓兒童貧困完全消失，但至少要設定數據目標，例如目標是兒童貧困率降到一半，就能計算出這個所得級距裡有多少人、應該增加多少兒童津貼才能達標。日本政治最大致命傷就是沒有根據資料和證據，冷靜分析現況。

櫻井 日本的循政決策是實施政策後，才來找合適的資料充當說服大家的證據。

末富 對對對，霞之關（譯注：日本政治機關匯集地）的官僚都自嘲說：「我們不是循政決策，是決策循證。」為了制定政策硬是湊合證據，勉強解釋。教育政策也是。

櫻井 但拼拼湊湊的政策無法改善現況。

末富 少數例外是兒童貧困指標，二〇一九年修法時，終於加入食衣住無法獲得滿足、家裡停水停電又斷瓦斯的家庭比率與單親家庭比率。這是第一次使用正確指標來評估，這才開始懷疑「為什麼無法獲得溫飽的人沒有減少」，日本政府居然直到二〇一九年才做到這件事。

櫻井 這根本是最近的事。

末富 我從二〇一四年開始參與兒童貧困對策會議，二〇一九年奮鬥的目標是把食衣住等維生基礎設施指標納入法律。我本來想加入更多指標，但被內閣府拒絕；學力格差指標則遭到文科省排除；我還提議了現金給付、兒童津貼、育兒津貼，

好幾項指標最後都遭到財務省私下排除，唯一剩下維生基礎設施。但壞的不是官僚，而是現在的政治體制。我可以想像官僚即使渴望改善，卻不得不刪除，他們也很辛苦。這個國家的政權就是這麼害怕正確分析現狀、正視現況。但與其說是害怕，不如說他們根本不覺得正視很重要，至少自民黨高層的心態是如此。

——為什麼會這樣呢？

末富　我也很想知道。

櫻井　政府只是擺出在做事的樣子，才沒出現任何變化。

末富　但是中青年政治家很值得期待喔！他們會認真判讀資料，認為選舉時必須以財源論來跟對手一較高下。老政治家來日不多，又認為自己的支持者都是老人，根本不在乎正在養育子女的年輕人支不支持自己。

櫻井 但是他們不會說出來，只是在心裡想。

末富 這就是最大問題。講到兒童補助，隨之而來的一定是「錢從哪裡來」，這是選舉不可避免的爭論焦點。日本人不喜歡講錢，一提到錢就會選輸。政治家逃避這些問題，結果打造出「育兒懲罰大國」。安倍總理值得一提的是，調漲消費稅時明言這筆錢要用在兒童福利上，實現免費教育。但今天不是像安倍這樣選舉必勝的政治家，就提不出兒童福利政策。朝野各黨必須跟民眾好好溝通，才能消滅育兒懲罰。希望日本這個國家長長久久，就得把增加兒童補助的財源視為必要投資。現在的財政制度是為了長者所設計，以後必須向人民說明，為何需要增加補助兒童的財源。

◆五十世代以下政治家掌權便能改變日本！

末富 自民黨的高齡政治家不值得期待，但現在五十五歲以下的年輕政治家實際體驗過日本政治與社會的冷酷無情，也就是育兒懲罰的受害者，所以我覺得他們之間應該可以達成共識。像二〇一八年發起跨黨派的「爸爸媽媽議員聯盟」，我希望正在育兒的年輕議員能針對兒童與家庭政策，提出跨政黨的政策方針。

櫻井 現在雙薪家庭大幅增加，育兒常識和過去大相逕庭。當不能再忽視這些人的聲音時，我相信狀況會出現明顯改變，現在身居高位的政治家大概完全無法想像將會出現如此光景吧。

末富 我覺得他們根本不了解。尤其是高齡男性政治家背後都是全心全意照顧家庭的太太，而且很多人一定完全不知道太太育兒有多麼辛苦。

櫻井 要讓這些人了解何謂育兒懲罰相當困難，甚至是不可能。

末富 難歸難，我們還是可以告訴他們政策完全失焦；善用簡單易懂的關鍵字也很重要，例如「你們的政策造成育兒懲罰，必須消滅」；同時告訴年輕的政治家：「你們是消滅育兒懲罰的人才」。實際上不分朝野，五十五歲以下年輕政治家無論已婚與否、有無子女，大家都深深了解必須支持兒童，提出協助育兒的政策。

——**感覺消滅育兒懲罰的理念會慢慢普及。**

末富 我也希望如此，年輕政治家當上了國會議員實在是件好事。例如自民黨建議成立兒童廳的職員從討論增加財源開始著手，提議充滿了危機感，詳情留待第五章說明。自民黨的山田太郎與自見英子兩位議員成立的讀書會，除了確保財源，提案還以兒童優先，充滿了保護兒童生命的制度與維護兒童人權的重要意見。要是日本一直不適合生育，總有一天會滅亡。大家是想等日本滅亡，還是互助合作，建立一個友善生育的社會呢？我想應該是後者吧！所以我深信朝野各黨能和人民溝通，逐漸提供補助兒童的財源。

◆官僚的血汗工作方式

櫻井　官僚的血汗工時也蔚為話題。加班超過一百小時是理所當然，兩三百小時等難以置信的工時也時有耳聞。半夜一兩點才能下班的工作環境，當然不可能養小孩。今天制定政策的人在這樣惡劣的環境下工作，真的想得到改善育兒懲罰的方法嗎？我覺得擔起日本中樞的人工時過長是很嚴重的問題。大家不先工作得像個人，就無法了解育兒懲罰是多麼奇怪，又是多麼需要改善。

末富　是啊！當發生在自己身上，才能了解究竟是什麼問題。所以政府決定廢除高所得階層的兒童津貼時，很多官僚都非常憤怒。

櫻井　官僚嗎？

末富　對，官僚也是。對有孩子的官僚而言，很快就會變成切身問題。但儘管他們會對廢除高所得兒童津貼動怒，講到兒童貧困時卻沒什麼反應。我本以為他們會思考如何縮小貧富差距、減少貧困，但即使我盡所能提出具體案例，大部分人都無法產生共鳴。一方面可能是因為他們實在太忙了。

櫻井　雙方感受落差很大。

末富　例如考大學，低收入家庭往往付不起報名費而無法報考。領取生活補助的家庭可以減免報名費，但沒有窮到可以領生活補助的低收入家庭，則因為大學免學費不包含報名費，這些孩子得自己賺錢準備這筆錢。有些父母還會把孩子賺的錢花掉，所以有的高中老師會偷偷為孩子辦戶頭，由校方管理存摺，不然小孩不但無法報考，也去不了畢業旅行跟校外教學。

——**太過分了……**

末富　所以我向政府提議「高中免學費納入考試報名費」。一開始文科省幹部反應很冷淡，最近才終於有些親切的官僚了解問題的嚴重性，開始著手解決。

櫻井　原來如此，想解決問題真的很困難。

末富　厚勞省的反應也很冷淡。他們現在仍因為新冠疫情的影響，工作量大增，人手不足。充滿幹勁的官僚會向政治家交涉談判，但是一年比一年沒有餘力。即使大家明白問題的嚴重性，也可能真的對問題產生共鳴，但是愈來愈做不到，導致改善育兒家庭生活困窘的政策進度緩慢無比。

櫻井　原來如此。

末富　我也嘗試聯繫過很多國會議員。官僚想採取行動但卻動彈不得，除了因為時間不夠外，另一個理由是政治主導政策。要是被內閣府盯上，就別想出人頭地了。既然官僚動彈不得，那就改由了解問題的學者與遊說團體來行動，例如US NOVA等盡心盡力的公益團體不在少數，「舫」[17]則是著眼於生活補助。

櫻井　是啊，還有修繕東京基金[18]的稻葉先生等人，有好幾個公益團體。

末富　面對困難重重的案家，每個公益團體都很繁忙。有些本來是官僚在做的事，現在變成民間團體負責。剛才櫻井老師提到戰略跟戰術，戰術就是政策和制度，應該由優秀的官僚來策畫，但是現在人手嚴重不足，我才會說情況危急。

櫻井　真的很嚴重。

末富　首先政治家不重視分析資料，掌握現況；行政單位人手不足，缺乏制定政策與運用制度的能力。新冠疫情相關政策就是最好的例子。當菅總理說不會中止補助旅遊業與餐飲業的「Go To Campaign」時，我深感不安，心想：「這些人到底在想什麼？難道做決定之前都不看資料和證據嗎？」自民黨的高齡政治家提倡的兒童廳與二〇二〇年的九月入學騷動[19]也是相同道理。忽略大環境，只想展現自己的能力，一時興起就利用兒童，這種做法本身就是育兒懲罰。官僚人手不足讓問題雪上加霜，大家光是維持日常工作與國會質詢就已筋疲力竭。他們也想改善報名費等問題，卻力不從心。如果人手充沛，他們或許會為了兒童貧困與少子化政策，跟政治家交涉不要廢除兒童津貼。

櫻井　直到一九七〇年左右，我都認為厚勞省官僚有意解決貧困問題，以此為目的制定制度，但是愈來愈沒幹勁了。其中一項主因是過勞，另一個則是政治駕凌一切。今天如果是了解第一線的官僚來提案，應該不會出現兒童廳這種東西，這只是總理想留下「紀念」。

末富 對對對，他滿腦子想的都是留名。我覺得既然已經成立數位廳[20]，不就已經流芳萬世了嗎？現在擺出一副「我們在為兒童做好事」的態度，說要成立空有外表的「兒童廳」，實際上既不增加財源，也不加派人手。之所以要廢除高所得家庭的兒童津貼，其實是因為財源匱乏吧。官僚已經人手不足，現在還要逼他們執行兒童廳的任務，所有兒童相關政策必定分崩離析。

4.4 育兒懲罰與我們

櫻井 不只政治，整體社會氛圍也對家長施以育兒懲罰。剛才提到的慣性加班就是日本社會既有的問題，很多公司習慣從傍晚開始開會，看在歐洲人眼裡一定相當奇怪。希望更多人能了解薪資與所得之外還有很多結構性問題。

末富 我在英國帶小孩去參加學會，大家都很親切，很多人還來搭話，問我「從哪裡來」；要是我迷路，也會有人主動來問「怎麼了」。我一個亞洲女性走在路上不會有人特別關心，但只要我帶著孩子，無論在美國還是英國，凡是我研究的國家，大家都會變得非常溫柔親切。相較之下，日本人本來就對兒童很不友善，而且愈來愈理所當然，在職場更是如此。

櫻井 是啊，例如疫情嚴重時，其中一件好事就是聚餐減少了。日本職場裡的晚間聚餐文化其實具備了非正式的功能，但育兒中的母親沒辦法參加，以致無法出人頭地，或被排除在重要工作外。

末富 日本公司很神奇，常在聚餐時決定升遷異動，一點也不公平。當小孩生病，爸爸能早退的公司和無法早退的公司，兩者之間簡直天壤之別。我深覺必須改變社會，尤其是職場文化。

——櫻井老師，低所得階層似乎又不太一樣？

櫻井 對，現在的例子聽起來比較像是中所得階層的煩惱。低所得階層與其煩惱升遷，更嚴重的問題是非典型就業者多，薪資水準低。他們不能參加聚餐不只因為要照顧小孩，還因為收入少，付不出聚餐費。找工作時也會因為有小孩而碰壁，例如面試官聽到有孩子便脫口而出：「那你不能加班吧！」語氣彷彿暗示著「你做不來男人的工作」。結果，不能加班、不能參加聚餐、不懂得拍馬屁的人遭到淘汰，被迫從事取代性高的低薪工作。非典型就業與低薪結構依舊存在。

末富　所以要改變的是公司的遊戲規則，不能只對可以做全職又能去聚餐的男性才有利。

櫻井　而且也不是每個男人都喜歡聚餐，但公司整體散發著「不去就升不了官」的氛圍，所以才要提倡「大家不要再去了」。同時，過去無視這點的我們也有責任。

末富　我們要變成不太乖的父母，不用急，慢慢改變。畢竟不是每個人都跟我一樣「叛逆」，所以心平氣和，慢慢反抗就好。

櫻井　大家要是發現開會跟聚餐辦在育兒同事無法參加的時段，可以提議改變地點或時間，例如把晚間聚餐改成一起吃午飯。

末富　育兒中的母親也可以清楚讓周遭的人知道自己的職涯目標。我有個學生當上老師，她個性風趣，活力充沛。結婚後她兼顧育兒與工作，不斷告訴大家「我想往上爬，但我也要照顧小孩」。男性也可以慢慢說出自己的想法，例如「我沒有那麼想出人頭地」。

櫻井 我們可以靠自己改變職場環境。

末富 對，只要慢慢變成「不乖」的爸媽，嘗試做一些自己能做的事。

櫻井 不加班也是關鍵。很多爸爸負責接送小孩上托兒所，回家後要帶小孩去洗澡，但是在工時長、加班理所當然的社會就做不到。所以，工時長和忍耐加班的職場文化也是育兒懲罰的共犯。

末富 我是學者，沒資格說別人，不過我好像工作時間太長了，以後會多留意。

◆提倡「育兒紅利」

櫻井 我再三強調「育兒懲罰」一詞源自經濟學，表達的是薪資問題，意思是養育子女的家長，尤其是女性的收入低於沒有子女的家庭，彷彿受到處罰。從這個角度思考，既然有懲罰，就該有獎勵。第二章提到所得再分配，日本的懲罰特別嚴重，但可以透過完整的福利讓懲罰消失。例如在北歐五國，育兒不但不是懲罰，反而是獎勵；生育後的收入不但高於生育前，整個社會都為育兒加油打氣，進而促進社會的連帶關係，建立全社會一起照顧兒童的觀念。希望大家能像北歐一樣，在支持家長的大環境中生養子女，而不是只靠自己或家人硬撐。社會氛圍很重要，但所得再分配能彌補到什麼程度也是關鍵。

末富　對低所得階層和單親家庭提供充足補助，讓他們打從心底湧現活下去的積極心態非常重要。人要衣食充足才可能正面積極，但這些家庭現在連食衣住都成問題，更是意志消沉，放棄學習，導致貧困階層無法擺脫貧困，也就是貧困連鎖。

櫻井　想要打破貧困連鎖，必須讓孩子正向、有活力。

末富　沒錯，一些地方政府推行了十分先進的兒童貧困政策，他們絕非單純期望「每個孩子都一樣」就好，更希望他們「積極主動，更加活躍」。像大阪府箕面市的兒童福利政策就沒有排富條款，社會福利不會因為家長的收入高低或子女的人數多寡而異。每個孩子都需要幫助——地方政府能想到這點，算是相當先進。

櫻井　原來如此。

末富　必須建立制度，讓低所得家庭也能往上爬。東京都足立區採取的輔導正是如此，培養清寒家庭的子弟上東大。

——有這麼一回事嗎？

末富　足立區是東京二十三區中低收入家庭偏多的地區。但是在那裡，課後輔導非常充足，學校老師也認真教學，校方還引進各種團體，保證兒童有所歸屬。低收入家庭也容易取得生活補助，有餘力認真念書。足立區還跟民間補習班攜手合作，打造「足立展翅補習班」[21]，讓沒有錢但是想念書的孩子來補習班，費用全由足立區政府負擔。

——好棒喔！聽了好想搬去足立區。

末富　所以即使家境貧困，還是可能考上東大。我自己也曾在大學教育格差活動現場上，遇到考取東大的展翅補習班學生。

櫻井　地方政府跟民間團體嘗試的方法形形色色，有些辦法很有意思，這件事本身就很振奮人心了。不過我個人是覺得不上東大也沒關係啦（笑）。我想強調的是，比起貧窮家庭的孩子努力念書上東大，不如建立一個即使輟學也不至於淪為貧困的社會。這句話不是要貶低努力的人，而是典型的成功模式反而可能壓迫其他人。

末富　感覺好像只有努力念書的人才能獲得福利。

櫻井　對，那就倒施逆行了。當每個孩子都能上好學校，大家反而忽略「上好學校」這種說法本身的問題。我一直很煩惱該如何解釋這種情況。

末富　所以根本的解決辦法是大人。政府跟企業究竟要怎麼對兒童表達「謝謝你來到這個世界上」呢？政策的話是兒童津貼，企業的話就是剛才提到的工作型態。在這個少子化嚴重的國家，本來就該對生下孩子的人表達謝意。畢竟沒人生孩子，國家就會滅亡。個人所能表達的謝意包括以午餐聚會取代晚間聚餐；看到家長推著嬰兒車，伸手幫忙搬上樓梯，而不是伸腳下去。

櫻井　所以我讀第一章時大吃一驚，居然有人踹嬰兒車。我不是母親都覺得怎麼能做得出這種事！

末富　今天如果是成年男性，絕不會有人來踹嬰兒車。但換成女人，就不一定了。

櫻井　我從來沒想過會是這樣。

末富　我個子小，不講話的時候看起來乖巧老實？

櫻井　真面目卻是個「不乖」的女人（笑）。

末富　開口就不乖了（笑）。看起來乖巧老實才會被踹，這兩次經驗都讓我打擊很大，也很沮喪。正當我垂頭喪氣搭上電車，遇到老奶奶誇獎「小嬰兒很可愛」時，心靈馬上獲得撫慰。果然日本人應該好好思考「育兒紅利」。不僅是所得再分配，我希望大家能漸漸對兒童抱持「謝謝你們來到這個世界上」的心態，如此感恩的心也是送給親子的育兒紅利。

櫻井　沒錯。

末富　不只是祝福來到這個世界的新生命，也是兒童應有的權利，所以我認為必須以具體的方式表達出來。但日本別說育兒紅利了，連育兒懲罰都還沒消失。

——會踹嬰兒車的人，本來就不覺得新生命來到這個世界有什麼好「感恩」的吧！

末富　是啊！小孩很花錢，家長又一定得為子女花錢，導致社會上出現愈來愈多討厭小孩和認為不需要小孩的人。第三章提到家長分成兩種。一種是積極型資助者，樂在育兒，支持孩子的成長，不求子女回報。另一種是消極型資助者，認為「生了所以沒辦法」，不得已為子女花錢，但平時看不出他們心裡其實這麼想，可能是生了才發現「原來念高中上大學要花這麼多錢」、「能不能早點畢業」。

櫻井 與其說是父母準備不足，不如說是教育費過於昂貴的社會結構性問題。

末富 沒錯，這是社會結構性問題，生了才發現原來問題這麼大。

—— **這種家長會對小孩說「都是因為你，媽媽放棄了夢想」。**

末富 或對小孩說「都是因為你，我想辭職也辭不了」。整個大環境讓生育這件事一點也不快樂。

—— **所以這種家長養大的孩子，後來就變成踹嬰兒車的大人。**

末富 或是打從一開始就決定不婚不生，我想這種惡性循環也是廣義的育兒懲罰。

櫻井 大家不需要成為目標遠大的家長，只要建立一個不憎惡育兒的社會就夠了。IG上常出現令人稱羨的育兒光景，做不到的人看了會很難過。

末富 對對對，其實育兒並不是那麼光彩的事。等我小孩再大一點，我想跟大家分享職業婦女兼顧親職的疲態。現在孩子還在多愁善感的年紀，不太能說什麼。

櫻井 其實看X會比較好。

末富 的確X用戶分享的育兒經驗都不是那麼美好，看了教人安心。雖然最近提倡佛系育兒的書籍愈來愈多，但生長在日本的人多半目標遠大，覺得生了一定要好好照顧。能這麼想當然很重要，但正因如此，打造一個大家認為小孩「很可愛」的社會之前，最重要的是減輕育兒的辛勞。

——不需要過度美化養小孩，只要讓大家不覺得辛苦。

末富 要打造一個不覺得養小孩等於吃苦的社會，免費教育是很重要的制度。高中、大學、職校都很花錢，要減輕家長的沉重負擔，就該把學費全免的對象擴大至中所得階層。我不斷跟國會議員提出這個建議，所以公明黨把私立學校與私立高中免學費的對象擴大到年收入五百九十萬者[22]。

櫻井 大學免學費也該適用相同條件，現在的上限實在太低了。

末富 現在私立學校免學費的對象是年收入三百八十萬以下的家庭，希望至少擴大到五、六百萬。

櫻井 三百八十萬這個門檻未免太高了。

末富 大學免學費的對象要是能跟高中一樣擴大到中所得階層，總生育人數一定會恢復。

櫻井 妳說得斬釘截鐵（笑）。

末富 中央大學的山田昌弘老師也認為應該實施大學免學費，而且至少一半的人口適用，甚至遍及八成。如此一來就跟高中免學費的條件一樣，僅排除年收入九百一十萬的家庭[23]。

——可是這樣高所得階層就會覺得自己「為了什麼辛苦工作、養兒育女」，選擇「乾脆搬去新加坡好了」。

末富 留住高所得階層的辦法是普及發放。兒童津貼也好，免費教育也罷，例如每年補助所有就讀大學與職校的學生十萬。至於不馬上升學的人，這項補助可以保留到三十歲為止。如此一來，學習的道路更加寬廣，人生的選項也隨之增加。倘若所有在日本出生的兒童直到念大學都能領取政府補助，至少能提高總生育率。

——這樣就會想生第二胎、第三胎了。

末富 是的，每個孩子都是獨立的個體，值得擁有個別祝福的機制，享有育兒紅利。所以，兒童津貼應該分發給所有人，這是我想強調的。

◆只需為自己努力的幸運環境

——感覺不是每個日本人都了解兒童也有人權。

末富　這件事情明顯反映在容許體罰上。二〇一〇年非政府團體救助兒童會（Save the Children）的調查發現，有四成的日本人一定會體罰小孩，這在先進國家高得不可思議。

櫻井　即使口頭上說不會體罰，一定還是有很多人心裡覺得「我也是從小被打到大的」、「小孩要教，所以要體罰」。

末富　我也是這麼長大的，但自從看到科學研究顯示毆打與言語暴力會傷害腦部[24]，我就再也不容許體罰了。想是這麼想，育兒和經濟壓力還是逼得我用言語傷害孩子好幾次，這正是廣義育兒懲罰社會可怕的地方。

櫻井　原來如此。

末富　這樣的社會讓父母陷入孤立，被逼入絕境。要是社會大眾一起思考「怎麼做才不會讓家長體罰小孩」，會發現答案是「我們要善待家長」。當父母不再陷入孤立，大家也不會一味指責家長「體罰是不對的」，而是「主動幫忙，讓爸媽不再對小孩動手」。但是日本人習慣用否定句型，希望大家能改掉這個習慣。

櫻井　問題與解決方法也愈來愈個人化。最近大家不太討論政治導致社會孤立與社會排除，只會說被孤立的人很可憐，需要大家幫忙。日本的政治跟制度本來就很排外，但討論孤立問題時卻不討論制度與社會結構的排他性，而是「那個人就自己孤立起來了，好可憐，讓當地團體來幫助他吧」。

末富　是啊，大家習慣在被害者身上找理由。很多人孤立的原因出在職場，例如遭到職場霸凌，變得害怕與人接觸。日本還有前輩傳承後輩的文化，社團學長姐訓練學弟妹時過於嚴苛也和校園霸凌有共通之處，所以必須改變整個社會。

——**社經地位高的人自認一路忍耐過來，現在的成就都是自己努力的成果。**

末富　對，他們把出生地點、性別等屬性帶來的紅利誤以為是自己的實力，這種人實在很糟糕。可惜的是這種自以為是的人以地位高的男性居多。

櫻井　沒錯，真的讓人很驚訝。

末富　撰寫本書時，我讀了許多育兒相關書籍，立命館大學的筒井淳也老師在《工作與家庭——日本社會為何工作如此辛苦，為何生育如此困難？》提出重要觀點：「想改變男性根深柢固的價值觀，唯一辦法是教導他們育兒和性平的觀念。」明明可以透過學習改善，現在的學校教育卻鮮少提供學習機會。

櫻井　學校的確不教這些事。

末富　數據已經告訴我們現況是男女不平等和女性參政率低，卻不曾進一步討論原因和改善方法，包括男性該如何對待女性。學校教育也不曾提到社會的排他性。女性要是沒有自己遭到壓迫的認知，就無法學會「不乖」。

——想要不乖也要靠學習知識！

末富　改變學習內容非常重要，所以我很期待文科省的新學習指導要領。該要領提倡「積極主動、對話互動的深度學習」，希望學童自行深入學習，擴大行動，主動參與社會。既然如此，應該可以從「如何改善」的角度採取行動，讓學童學習何謂社會排除，光是提出「現在有這樣的問題」是不夠的。筒井老師提議男性改變，社會也會隨之改變，是我這次閱讀的專業書籍中最令我信服的意見。

櫻井　儘管個人責任論長期受批判，很多人還是認為能力和社經地位都是自己努力的成果，這種想法基本上跟個人責任論是一樣的。上東大、進知名公司、晉升主管職、書賣得好，做得到這些事的人當然都是付出努力才有收穫，每個人都在自己的崗位上賣力。但是成功和達標需要個人付出以外的要素，很多人卻把理由內化成是自己努力，這種想法已經根深柢固。

末富 當然大家都很努力。

櫻井 大家的確很努力，正在努力代表出生在可以只為自己努力的幸運環境。這些幸運的人必須了解生在同個時代，有些人連秉持努力的心都做不到。

末富 松岡亮二在《教育格差——階級、地區、學歷》提過相同觀點。我會告訴學生：「你們當中有些人覺得爸媽愛小孩是天經地義，有心努力是理所當然，但有些人缺乏父母關愛，還是一路努力過來。」要是不知道身邊有人的境遇跟自己天壤地別，幸運兒的言行會顯得非常殘酷無情。

櫻井 沒錯！

末富 只為自己努力，其實是件非常奢侈的事。光是不用煩惱要不要借學貸，就已經非常幸運了。

◆人權與努不努力沒有關係

末富 問題出在日本缺乏「你光是活著，我就覺得很高興了」的意識。我也是接觸兒童貧困對策後才發覺這有多重要。

櫻井 日本的學校正是如此，努力的人才會被誇獎，但基本人權跟「努不努力」沒有關係。

末富 是啊！例如協助貧困者自立的社福團體、輔導學習的公益團體，以及所謂「教育困難校」[25]的部分學校，都打從心底認為「你活著和我們相遇，我們就已經很高興了」，為活著這件事祝福。這在歐美國家是很理所當然的。

櫻井 但是在日本，只有努力的人才會得到肯定。

末富 所以才會有人覺得嬰兒不可愛，因為嬰兒沒有任何能力。

櫻井 不但沒有能力，還要仰賴他人生存。

末富 從「能力」的觀點來看，嬰兒自然是負分。但評斷一個人的標準只有「會不會」、「努不努力」嗎？重要的是眼前的這個人跟我一樣也是人。但就連老師跟教育學學者都有人做不到。

櫻井　身心障礙與特殊教育也有類似的問題。

末富　我對參加研習的老師們說：「拒學的孩子之所以痛苦，是因為感受到別人認為自己不努力」，有些老師聽了竟然流露出疑惑的表情。我在學會上說出「小孩不努力也沒關係」時，也有很多人一副「妳在說什麼？」的臉。

櫻井　看到這種反應一定很難過，雙方價值觀相差這麼大。

末富　當然也有很多老師跟學者深表同意，人數還一年比一年多。那些生活艱困的孩子克服了多少次的死亡危機，努力活了下來。覺得自己隨時可能死掉，死不足惜的孩子現在在我們眼前活蹦亂跳——這本身就是一件偉大的事。日本的確也有地方能接納這些孩子，我感受到日本人也跟歐美一樣打從心底認為「我好高興你活著」，這代表已經把人的權利與尊嚴融入思考和情感，成為血肉的一部分，我希望這種心態能夠普及。但心態不是那麼輕易就能改變，所以需要改變的是政策和制度，而能改變政策和制度的，唯有政治端。

櫻井　沒錯。

末富 想打造一個「重視兒童的社會」，第一步要從政治著手。兒童津貼、免費教育的第一步是「改變支出」。結構改變，人的心態會隨之變化。虐待就是從改善制度、結構、意識開始，性暴力和性教育也是，例如制度和政策可以避免非自願懷孕。所以我認為這件事可行度極高。

櫻井 我在地方政府服務的最後一年，曾和其他社工夥伴一起調查接受生活補助的家庭中，去上大學的學生情況。在當時，領取生活補助的家庭，一旦孩子上了大學就領不到這份津貼了。

末富 現在也是。雖然上大學可以免繳學費，但領不到生活補助的情況一樣，所以有些家長不願意讓孩子升學。

櫻井 我調查的時候連免費教育都還沒推動，這些孩子只能去借學貸，最多每個月可以借到十七．四萬。換句話說，求學期間每個月就增加十七多萬的債務。

末富 要靠打工跟學貸來支付生活費。

櫻井 當時我任職的單位派出個案工作者（case worker），調查了一百名高中生和大學生。這些學生過得十分艱辛，每個月都累積十萬甚至十七萬的債務，又得花大量時間去打工，還要跟身邊其他學生一樣用功，否則拿不到學分。

末富　我懂這種生活有多辛苦。

櫻井　我跟上層報告調查結果後，對方卻問我：「他們上的是好大學嗎？」「畢業後找到好工作了嗎？」比起學生們實際遭遇的困難，高層更在乎他們是否進到「好學校」、是否找到「好工作」。

末富　施政本身變質了。

櫻井　現在的制度已經有所改變，即使孩子上大學，部分案家仍舊可以領取生活補助。免費教育的用意是提高升學率，保障學生畢業後就業。但他們想幫的不是正在吃苦的孩子，而是培養良好公民與優秀勞動力，這種要求太嚴苛了。

末富　的確很嚴苛。我聽過教養機構的孩子說想念哲學系，機構的老師竟然說「不要學沒用的東西」，讓我啞口無言。高中老師也會勸孩子「要學有用的東西」。我真的想大喊「不要說哲學沒用」，跟這些老師大吵一架。但主要問題出在教育工作者本身輕視孩童選擇的自由與權利。

櫻井　第一步是改變這種想法。

末富　我想這項工程浩大費時，但總有一天會改變。現在的教育政策終於開始重視兒童的幸福感（well-being）。最近評鑑重點從考試成績，逐漸轉為著重學生學習是否快樂、上學是否開心，以及老師能否避免學生拒絕上學、與各種狀況的學童建立信賴關係。社福領域因為了解兒童的權利概念，原本就很重視兒童的幸福感。

櫻井　是的，因為福利就是幸福。

末富　教育領域至今幾乎沒有幸福感的概念。我最近的志業是以兒童權利為基礎，改變學校跟學習本身，希望校方不再以「會不會」、「有沒有用」來評斷一個人。有些老師只要跟他在一起就覺得很安心；有些老師看到學生垂頭喪氣，知道保持距離，悄悄觀察；有些老師會讓學習變得很有趣。我期盼這樣的老師和學校愈來愈多。不過實際上有些老師會以能力歧視學童、上課毫無樂趣、利用偏心和對立控制班級，或對學生大吼大叫……

——家長之所以擔心得沒完沒了，部分原因就是因為這樣。

末富　以特定標準來評斷孩童，不符合標準便棄之不顧，是成人創造的文化，孩子和家長在這種社會都活得很辛苦。想要改變現況，第一步是建立每個兒童都是權利主體、有其尊嚴的概念。即使是極度討厭的人，即使是自私自利的政客，還是要學會以「這個人也有權利和尊嚴」來看待對方。

——**這個難度很高啊……**

末富 但我是真的這麼認為。

櫻井 就算很難了解對方，還是予以尊重，這便是尊重人權，大家和平共存。

對談於二〇二一年四月九日於光文社舉辦。

彙整／川上典子

1 皮耶・布赫迪厄（Pierre Bourdieu，一九三〇～二〇〇二）：法國人文社會科學專家，持續指出全球化與新自由主義帶給貧困階層的不公與傷害。主要著作為《區判：品味判斷的社會批判》（*La Distinction : critique sociale du jugement*）麥田。

2 二〇〇七年七月十日，北九州市小倉北區一名獨居男子（五十二歲）於自家過世。他原本領取生活補助津貼，但該補助於二〇〇七年四月停止發放，男子最後留下遺書表示「好想吃飯糰」（《朝日新聞》二〇〇七年七月十一日晚報）。

3 二〇〇八年金融海嘯導致非典型就業者遭到解僱，民間團體為此在日比谷公園搭建帳篷，設立臨時援助中心。

4 兒童貧困對策中心：公益財團法人US NOVA針對經濟困窘的兒童進行調查，提供間接與直接援助。

5 末富芳〈教育能帶給兒童幸福嗎？〉Yahoo! News個人（二〇二〇年十一月八日）。

6 櫻井啟太〈承受「育兒懲罰」的國家——日本單親家庭與貧困〉SYNODOS（二〇一九年六月十日）。

7 參考第二章。

8 產前休假與產後休假合稱「產假」。產前休假為生產前六週（雙胞胎為十四週），產後休假為生產後八週內。

9 一九八七年，歌手陳美齡帶著襁褓中的長子上電視臺與出席演講，一時蔚為話題。隔年，參議院調查會邀請她以諮商專家身分出席，她在調查會上表示：「孩子很重要，工作也很重要。我覺得工作很有意義，也想要孩子，深感許多女性夾在兩者之間。」作家林真理子對此於《文藝春秋》（一九八八年五月號）發表〈帶小孩上班〉反駁陳美齡的意見：「我身為工作者，對自己的工作感到自豪，我無法原諒這種行為，這是過於天真的夢話。」（二〇一九年三月四日朝日新聞數位〈「陳美齡與林真理子之爭」火種仍在　這是最好做法還是過於天真？〉）

10 參考第二章。

11 參考第一章。

12 參考第一章。

13 參考第一章。

14 二〇〇四年六月二十三日出生，演員。五歲時演出連續劇《兩個媽媽》而走紅。

15 《貧困家庭主婦》（新潮選書）介紹每八名家庭主婦就有一人貧困的現狀。

16 早稻田大學副教授、教育格差學者，著作《教育格差——階級、地區、學歷》（筑摩新書）獲頒「新書大獎二〇二〇」第三名。

17 認定非營利法人自立生活援助中心「舫」，為生活貧困者提供諮商、尋找住處、協助生活自立。

18 一般社團法人修繕東京基金，由立教大學研究所稻葉剛特任副教授擔任理事，主要提供生活貧困者住處。

19 二〇二〇年四月三十日，學校受新冠疫情影響，停課時間延長，政府因而指示相關部會討論改為「九月入學制」，引發正反兩方熱議。五月十一日，日本教育學會發表聲明：「貿然更改學制會導致問題更加嚴重。」

20 《數位改革關聯法》是菅總理最重視的政策，二〇二〇年五月十二日立刻獲得國會通過，於二〇二一年九月設立數位廳。

21 針對一百名雖因家境等問題無法上補習班，但成績優異，並計畫報考前段高中的國三學生，進行一年免費指導。

22 參考第三章。

23 參考第一章。

24 福井大學兒童心智發展研究中心友田明美教授等人研究發現「『體罰』不僅傷害身體，也會傷害腦部。長期承受嚴格體罰（打巴掌或以皮帶、柺杖打屁股）者，右前額葉皮質內側部分的體積平均縮小一九．一％」（Tomoda et al, 2009）。

25 「執行教育目的——多樣化教育活動困難的學校」（朝比奈奈緒《報導教育困難校》朝日新書）。

第五章【末富芳】

如何徹底消滅育兒懲罰？
——擁抱失敗，善待親子

「子育て罰」をなくそう
—失敗を受け入れ、「親子にやさしい日本」に変えるために—

來到本書尾聲。本書釐清了政治與社會導致的育兒懲罰，目的是消滅它。或許有讀者對此感到懷疑，我自己則秉持消滅得了的心態。身為母親，我當然胸懷強大信念，促進政治與社會朝良好方向改變;身為學者，我進行了扎實的先行研究，並與保護貧困親子的第一線人員、政治家、官僚一同行動思考，才做此判斷。

第五章依循前四章的內容，加上我以參議院內閣委員會諮詢專家的身分出席二〇二一年五月十八日的會議所陳述的意見。本章寫於二〇二一年六月，當時正值政府計畫成立新部會「兒童廳」，此舉將左右今後的親子生活。我彙整了各黨派的動向，從能否消滅育兒懲罰的角度探討法案內容。

5.1 少子化失敗學帶來的啓示

首先，政府要承認過去的少子化政策失敗，才能進而改善兒童與家庭相關政策。日本的少子化政策無法改善總生育率與出生人數，代表政策失敗，無疑是政府的責任。政府不先承認錯誤，政策自然無法進步。

如同第一章所言，自民黨因財政惡化，降低發放給兒童的「現金給付」，選擇擴大托育設施與實行免費教育等「實物給付」，但實際上並未解決少子化問題，現在需要的是承認失敗。

自從一九九〇年發生總生育率僅一．五七的「一．五七衝擊」以來，政府推動少子化政策，總生育率與出生人數依舊停滯下滑；二〇二一年預計跌破八十萬人（譯注：根據厚生勞動省二〇二一年人口動態統計月報，二〇二一年出生人數為八十一萬一千六百零四人，較前一年減少兩萬九千兩百三十一人）。倘若政策成功，少子化理當不會繼續惡化。

所謂失敗為成功之母，我認為消滅育兒懲罰需要以下四個步驟：

①將失敗原因結構化。
②修正政界的不良價值觀。

③ 消除男性主導的政治與行政隱瞞失敗的惡習。

④ 共享「兒童與家庭幸福優先」的價值觀。

① 將失敗原因結構化

東京大學榮譽教授畑村洋太郎在著作《失敗學的推薦》分析少子化政策失敗的結構呈金字塔型，失敗因素可區分為個人與社會，大致是個人與家庭程度↓企業程度↓政府程度↓社會程度[1]。

在日本，從組織、企業、政府到社會的一切都對兒童與家長冷漠嚴酷，因此正如中央大學山田昌弘教授所言，年輕人不得不深思熟慮以「迴避風險」[2]。學貸尚未還清，所以猶豫婚事；想生小孩，卻擔心昂貴的生產費或擠不進托兒所；加上準備不來孩子未來的升學資金，年輕人選擇不婚不生。聳立在這些年輕世代或猶豫是否要生第二、第三胎夫妻面前的高牆，不是個人或家庭的失敗，而是企業、政府、社會的失敗。所以單純考量個人利益，選擇不婚不生是極為自然的決定，結婚率與生育率當然不斷下降。

②修正政界的不良價值觀

所謂「不良價值觀」是指政治家與官僚秉持過時或錯誤的價值觀，以致無法做出正確判斷。例如沉溺在過去的成功經驗，加上目光狹隘，只知道圈內的規則，從經濟、法律到文化等各方面都無法根據常識判斷。日本的政治與行政失敗多為不良價值觀所致，血友病患者因藥物汙染而感染愛滋病便是最典型的例子。

第三章提到政治家、官僚，以及參與政府工作的專家學者，這些男性菁英信奉近代家庭的意識型態，所以將育兒責任強加在各個家庭身上，也不願把稅金用在兒童與教育，這些都是價值觀不良。不只政權中心的男性政治家，我懷疑各大企業老闆也是如此。政界與商界，尤其是男性領導者若不修正自己的價值觀，育兒懲罰就無法消失。

《失敗學的推薦》還指出一個重要事實：政府與行政機關本應為國民利益盡責，現在卻以企業利益為優先[3]。如同櫻井啟太在第二章詳述，想要改善育兒懲罰，理當視國民利益為優先，例如單親媽媽的薪資待遇往往十分惡劣，遭受不公對待，需要幫助，但政府並未伸出援手。正因為日本至今都以企業為優先，才使生育變得如此困難。

倘若政府真的有心解決少子化問題，應當要求企業善待生兒育女的員工，而非老是呼籲女性增產報國。需要善待的員工不僅是有子女的女性，還包括重視家庭與育兒中的男性，全面降低家長面臨就業機會、僱用型態的不公，以及薪資與升遷等歧視問題。

但政府的實際作為都是倒行逆施。兒童津貼的排富條款成立之際，儘管國會通過《兒童與育兒援助法》，補助積極支持育兒的企業，但卻沒有設立公開黑名單企業的條款。相較之下，國土交通省（譯注：類似臺灣交通部的部會）建立查詢惡質企業的黑名單搜尋系統，公開不肖汽車業者，內閣府與厚生勞動省也應盡速建立相同系統，公開哪些企業歧視育兒女性、違法解僱員工、升遷與薪資不公、不讓男性員工請育嬰假等等。

③消除男性主導的政治與行政隱瞞失敗的惡習

我再次強調，日本育兒懲罰日益嚴重的主因是政府不承認少子化政策失敗。御茶水女子大學名譽教授本田和子等不同領域的學者自二〇〇〇年代以來，持續預測日本的少子化政策無論現在或未來都會失敗[4]。

從人口學的角度來看，第二次嬰兒潮的女性人數較多。當這群人過了適孕年齡，生育人數便無法打從根本改善。目前包括我在內的第二次嬰兒潮世代已經過了四十五歲，所以就統計學的觀點，今後出生人數只會持續減少，不可能明顯恢復。

山田教授在《日本少子化政策為何失敗？》提到政府機關的各種隱匿行為。例如他在中央與地方政府的眾多審議會和研究會上，指出少子化政策失敗的原因時，政府高官的回覆是「以我的立場，要是講出你這種話，早就被革職了」；當他根據統計分析提出「低收入男性容易被排除於結婚對象外」時，遭到地方政府課長要求刪除這項事實[5]。

這些（男性）官僚與政治家無視山田教授統計得出的驗證結果，也忽視比較歐美與日本社會差異所得出的研究結果，仍舊以「年輕人總有一天會結婚生子」來施行政策。實際上在日本社會，即使深愛對方，即使喜歡小孩，只要無法滿足所有經濟條件，絕大多數人都會猶豫是否結婚生子[6]。

日本政治與行政中心淨是懷抱錯誤價值觀的男性，長期無視少子化政策失敗，育兒懲罰才會如此嚴重。想讓失敗化為「成功之母」，必須發動改革，改變這些男性所主導的政治與政策結構。當然，增加女性比例很重要，不過這些女性多半是競爭體系下的倖存者，身心比男性菁英還堅強，極可能也是以「自立」與「效率」來評價他人（學者的世界也是以男性為主的競爭社會，老實說一路爬上來的我尚未完全擺脫「自立的詛咒」）。

正因如此，決定政策時，需要一般年輕人與正在育兒的家長參與，同時進行調查掌握需求，反映人民的意見。光是批判無法創造任何成果，「失敗的教訓隱藏了大幅改善未來的可能性」[7]。因此需要兒童、青少年、育兒中的家長，甚至是祖父母世代的需求與聲音，具體釐清失敗原因，訂立改善對策。

雖然畑村教授的「失敗學」提到不要批評失敗的人[8]，但政府與行政機關可是用國民繳納的稅金來執行業務，我希望他們能確實聽取眾人的批判，與所有當事人一同思考具體做法。

兵庫縣明石市的泉房穗市長[9]推動先進的育兒政策，口號是「讓明石市成為重視所有兒童的城市」，成功實現了增加稅收、人口、兒童人數的目標。同樣重視育兒的東京都三鷹市前市長清原慶子則是和兒青、家長交換意見，邀請他們一起討論政策，有時還積極與意見相反的長者對話[10]。明石市甚至連市議會都出現變化，由高中生參與議案審議，否決議員提出的條例，據說議員也覺得「和高中生一起討論，能對建設家鄉有所裨益」[11]。

實踐細膩的參與式民主，需要兒童、家長、沒有子女的人等形形色色的社會成員提出意見，參與政策規畫。選舉是重視多數同意的間接民主，難以打造出友善親子的社會，因此和各式各樣的社會成員對話，是有效活用有限稅金以達成政策效果的重要程序。

④共享「兒童與家庭幸福優先」的價值觀

少子化政策失敗帶來的最重要啟發是，改善總生育率與出生人數並不是最適切的目標。

過去少子化政策強調的都是提升結婚率，促使女性生子。這群人認為，改善總生育率與出生人數意味著要求女性增產報國，所以從一九九四年正式改善少子化的「天使政策」施行以來，這二十五年間，只一味強調總生育率與出生人數亟需改善，許多家長和女性都已經聽到膩了。少子化政策之所以失敗，其根本原因是「無視年輕人與人民的普遍想法」[12]，尤其是女性與家長的心聲，以及單親媽媽、貧困家庭兒童與年輕人的苦惱。

這些失敗的背後還隱藏著「需要有人來支撐持續增加的老人年金」觀點，重視經濟，心態冰冷，把兒童當作勞動與納稅的機器[13]。因此必須調整目標，把「少子化政策」變更為「兒童與家庭政策」。

日本家庭政策專家、京都大學落合惠美子教授與學齡前教育專家、學習院大學秋田喜代美教授都提出：兒童與家庭政策的目標是「實現兒童與其家人的幸福」[14]。圖5-1引用落合教授發表的資料，明確批判「少子化政策的目的不是促進經濟成長，而是讓人民過上幸福的生活」；「當時間與經濟充裕，生活幸福愉快，總生育率自然會提升」[15]。

5.2 我的「兒童與家庭政策」

接下來就是朝野各黨對兒童與家庭政策，以及所需預算達成共識，所有日本國民也同意負擔這些支出，如此一來，便能消滅育兒懲罰。

本節彙整各黨派的兒童與家庭法案重點，包括二〇二一年五月十八日我以諮詢專家身分參與參議院內閣委員會所提出的意見、同日公明黨「創造兒童未來」特命團隊（主席竹內讓政務調查會長、事務局長中野洋昌眾議院議員）的報告、五月

圖 5-1　政策的目的不是促進經濟成長，而是幸福的生活

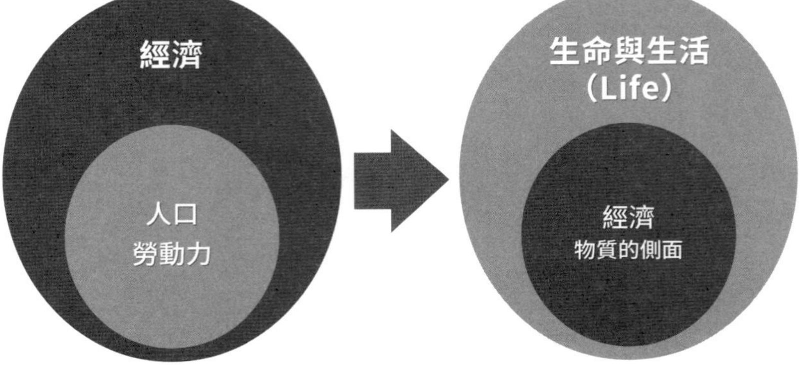

出處：落合惠美子〈一九七〇年代後人口政策與其結果　以亞洲的去家庭化照顧為中心〉，財務省財務總合政策研究所「人口動態與經濟、社會變化研究會」報告資料，56頁（2020）。

二十四日自民黨「兒童優先的理想兒童行政讀書會」（代表為山田太郎參議院議員與自見英子參議院議員）的報告，以及五月二十五日立民黨「兒童與育兒專案團隊」（主席大西健介眾議院議員）的報告。

每一場會議，所有人都跨越了黨派、世代、性別，認真為親子思考。他們誠摯給予指教，提出疑問，促使我拓展思維。正因為我有幸參與，才有辦法預測日本政治正在改變，而且在不久的將來會大幅進化。

首先，我提出的三大兒童與家庭政策如下：

① 制定重視所有兒童的《兒童基本法》。
② 根據普及主義制定「兒童給付配套方案」。
③ 建立對多項財源的共識。

① 制定重視所有兒童的《兒童基本法》

第一章提到，所有人承受的育兒懲罰日漸加重：高所得家庭的兒童津貼被廢除；低所得家庭從未領取充足的現金補助，高達兩成育兒家庭連最基本的食衣住都無法滿足；中所得家庭也戰戰兢兢，擔心有一天排富條款會擴大到自己身上。這種根據家長屬性（收入高低、單親或雙親等）而有所差異的做法稱為「選擇主義」，背後隱藏的是認為子女是家長的附屬品。

相反的，認為子女與家長各自獨立，兒童也是具有權利與尊嚴的主體，所有兒童都需要幫助的做法稱為「普及主義」。普及主義的觀念尚未普及至日本，因此國內缺乏法律明確規範兒童的權利與尊嚴應當受到保障。

日本於一九九四年批准《兒童權利公約》，但這二十五年來國內並沒有另外制定法令來實現公約。《身心障礙者基本法》是根據《身心障礙者權利公約》所制定，《男女共同參與基本法》的依據是《消除對婦女一切形式歧視公約》。障礙者與婦女都有國內法規範其定位，保障其權利與尊嚴，兒童的法律卻擱置至今[16]。

所以第一步是制定國內法，也就是《兒童基本法》來定位兒童是具備尊嚴與權利的主體，再依此推動兒童與家庭政策。

《兒童福利法》於二〇一六年修正，《兒童貧困對策推動法》則於二〇一九年修正，這些個別法規都定位了兒童的權利。兒時曾經歷過貧困生活的年輕人們紛紛參與政府會議，表達心聲。他們並非認為「只要自己好就好」，而是期盼所有兒青遇到問題時能獲得幫助，得到的福利也不會因家長人數或所得而不同。

我們真的可以無視身處困境的兒童與青少年嗎？我之所以認為必須制定《兒童基本法》，是因為聽取了他們的心聲。無論家長收入多少、是單親家庭還是雙親家庭，都應實現兒童的最佳利益。倘若通過了《兒童基本法》，就再也不會有孩子因為家長收入而無法獲得幫助了。

每個孩子都跟成人一樣，是值得獲得幸福的權利主體，應當珍惜自己的人生，不受暴力與虐待傷害，表達自己的意見，擁有被愛的權利——我們必須如此定位兒童。

②根據普及主義制定「兒童給付配套方案」

第三章提到日本人習慣迴避風險，因此選擇不婚不生。想讓渴望生兒育女的人安心實現夢想，必須以普及主義為前提，提供「兒童津貼配套方案」。具體而言，包括廢除兒童津貼的排富條款、對所有育兒家庭發放兒童津貼與育兒津貼、落實免費教育。此外，設定精密的所得與給付級距，維護中高所得育兒家庭的納稅與就業意願也很重要。

透過兒童津貼配套方案，年輕世代和低所得階層不再擔心衣食住問題，送孩子上大學或職業學校；高所得階層不會被排除在社會福利之外；想生兒育女的人也能規畫結婚生子。打造生育輕鬆、親子幸福生活的社會，大家選擇結婚生子的機率才會提高。

如第一章所示，家長其中一人的年收入為一千兩百萬以上者，無法領取兒童津貼；夫妻年收入合計九百一十萬以上者，無法享有高中免學費；年收入五百九十萬以上者，無法享有私立高中免學費；年收入三百八十萬以上者，無法享有大學免學費（譯注：厚生勞動省二〇一九年的薪資結構基本統計調查顯示，社會新鮮人的平均年薪為兩百四至三百萬）。教育費專家把這種現象稱為「所得限制的懸崖」，導致家長尤其是母親選擇非典型就業或不就業，以免年收入達到排富條款的條件，進而阻礙日本經濟成長與消費活動。因此需要設定「援助級距」，設定多種所得與補助的級距，支持兒童教育與親子生活，也鼓勵家長就業。

二〇二一年五月三十一日，立民黨向國會提出《兒童總合基本法案》，重要方針包含：①兒童津貼增額（發放年限延長到高中，所有兒童皆能領取）、②育兒津貼增額（發放範圍擴大至貧困雙親家庭）、③兒童貧困率於十年內減半[17]，法案方向為「擴大中所得與多子家庭的高等教育補助」[18]。

目前各政黨紛紛提出兒童與家庭政策，形成政策競爭，對消滅育兒懲罰是可喜可賀的現狀。但政策大相逕庭可能加深政治引發的育兒懲罰，因此需要各黨對「兒童給付配套方案」達成共識。

或許有讀者認為這是痴人說夢，但實際上二〇一九年修正《兒童貧困對策推動法》時已經實現過一次。當時，各議員跨越黨派，修正法律，包含標明兒童權利、聆聽兒童與家長的意見、將領取生活補助的兒童進大學的比例指標化等等。我認為本書提議的兒童與家庭政策、朝野各黨達成共識並發揮各黨特色的政策之所以可能實現，都是因為有過前例。

③建立對多項財源的共識

如同免費教育的財源來自調漲消費稅，兒童與家庭政策所需財源同樣需要朝野各黨同意，達成共識。那麼財源該從哪裡來呢？除非有辦法大幅增加兒童津貼與育兒津貼，否則調漲消費稅這種做法對所得愈低者負擔愈重，實在不是理想財源。

社會保障專家、京都大學柴田悠副教授提出的建議是「資產課稅」。理由是增稅（租稅中立性）對經濟打擊程度由大到小為法人稅↓個人所得稅與社會保險費↓消費稅↓資產稅。以時序分析經濟合作暨發展組織成員國時，已經證實此點[19]。我則是提倡企業負擔、所得課稅、資產課稅、兒童保險等多種財源[20]。

兒童給付配套方案預算概估如下：托育設施不足約需三千億；恢復高所得階層的兒童津貼約需三百七十億；擴大低所得家庭的兒童津貼與免費教育，一年約需五、六千億；兒童津貼延長至高中，廢除高中免學費的排富條款，約需四、五千億；倘若放寬大學免學費的排富條款，要再加上數千億。

根據上述計算，一年所需預算至少五、六千億，加上兒童津貼與免費教育的兒童給付配套方案，合計約一兆；連同放寬大學免學費的排富條款，一年約需一兆五千億。

我要再次強調，要求所有納稅人分擔這些支出，需要朝野各黨達成共識，政治家尤其是總理，必須向國民充分說明政策目的。倘若人民重視親子幸福，認同必須善待親子，願意分擔支出，便能奠定消滅育兒懲罰的基礎。

5.3 兒童廳真的有用嗎？

二〇二一年秋天預定舉辦眾議院議員選舉（譯注：第四十九屆眾議院議員選舉於二〇二一年十月三十一日舉辦），自民黨提出成立新部會「兒童廳」的政見。最後一節從能否消滅育兒懲罰的觀點探討兒童廳。

菅總理對待親子態度嚴苛，可謂育兒懲罰的罪魁禍首。儘管他領導能力強大，足以決定兒童與家庭政策的預算為五千億至一．五兆，但老實說我並不期待。我們不能忘記總理與內閣等人為了統一管理幼稚園與托兒所，無視真正需要幫助的兒童與家長[21]。

日本過度刪減公務員人數，導致每千名公務員人數占比（中央與地方政府，包含自衛隊、警察、消防員）在七大工業國中為最少[22]。特別是在新冠疫情這種緊急狀態下編制兒童廳，只會使官僚更為疲倦，導致各部會累積至今的行政專業毀於一旦。其實加藤勝信官房長官已在內閣官房成立了以厚勞省官僚為中心的團隊，討論設立兒童廳。我了解他們每天公務繁忙，人手不足，還要撥空處理兒童廳的業務，實在令人擔心。

此外，倘若兒童廳為內閣府管轄，有時內閣府的人事調度不會考量官僚的專業，之後可能將他們發分到敘勳、聯合國維和行動（ＰＫＯ）、太空開發戰略等與專業領域毫不相干的部門，這種做法真能有效活用人力嗎？號稱打破縱向框架，卻不加派人手也不增加財源，如此勉強設立的兒童廳對親子有百害而無一利。

設立兒童廳必須連同財源、人力、兒童權利、《兒童基本法》配套討論，否則不過是用來掩蓋「管總理對兒童不友善」的真相，騙人民選票罷了。相較之下，聯合政府成員之一的公明黨、自民黨的年輕與中堅議員組成的讀書會，以及立民黨都提出許多足以消滅育兒懲罰的建言。

◆公明黨：根據《兒童基本法》建立「兒童家庭廳」

公明黨打從一開始便對兒童廳抱持懷疑態度。他們重視兒童的幸福，政策方針一向是廢除排富條款，幫助中所得階層，在政見中也強調免費教育，支持親子家庭和年輕世代。

五月三十一日，公明黨向總理提議「兒童家庭廳」法案，明定廢除兒童年齡限制，「大幅擴充財源與人手，以利全面推動兒童政策」。更重要的是，該法案重視兒童權利，提議從婦女懷孕期間便協助親子、制定《兒童基本法》、調查政府的兒童政策並提出勸告，以及成立獨立的新部會「兒童人權廳」，為兒童發聲[23]。特別的是，並不重新編制兒童政策相關部會，而是建立直屬總理的小型機構，負責跨部會整合[24]。值得矚目的消滅育兒懲罰政策包含減免生產費、放寬免費教育的排富條件並提高補助、設立制度獎勵企業協助年輕員工償還學貸等，清楚表示有意減輕年輕人與育兒家庭的經濟負擔。

關於免費教育的提案如下：提高幼兒教育與托育免費額度、實行私立高中免學費；義務教育階段不分國公私立，一律補助；增加高中生獎學金等等。高等教育則根據修學支援新制度第一年的實施成果，討論是否增加對中所得階層與多子家庭的補助（公明黨《經濟財政營運與改革基本方針二〇二二之建言》二〇二二年五月三十一日　四三頁）。

從公明黨至今的政績來看，可以期待他們為免費教育增加預算，應該也能做到為兒童人權廳增派專業人員與支援人手，推動兒童權利。竹內讓政務調查會長曾向菅總理提議，將給付範圍從貧困單親家庭擴大至貧困雙親家庭，為實現友善兒童的政策盡心盡力。中野洋昌事務局長大方向我分享提案，我再次感受到公明黨心態誠懇，有心打造友善親子的社會。此外，該提案根據《兒童基本法》設立「兒童家庭廳」政策，值得嘉許。

我參加公明黨的讀書會時，也感受到他們有心實現《兒童基本法》，真心為兒童著想。古屋範子眾議院議員長年為兒童貧困對策貢獻心力，她曾表示「《兒童基本法》是保護兒童權利與生命的基礎」，聽了教人安心。平木大作參議院議員亦表示「應當創立屬於中央政府部會的兒童人權廳，以保護兒童權利」。高木美智代參議院議員則提出「實現包含身心障礙兒童等兒童權利的重要性」。我成為學者的初心之一，是曾經接觸身心障礙兒童，參加公明黨讀書會才深入了解，實現重視「所有兒童」的理念需要哪些政策與制度。

◆自民黨：「兒童優先」的兒童廳

菅總理提出兒童廳政見後，自民黨的部分年輕與中堅議員組成「兒童優先的理想兒童行政讀書會」（以下稱「兒童優先讀書會」），由山田太郎參議院議員與自見英子參議院議員兩人擔任代表。讀書會跟自民黨總部的「創造兒童與青少年光明未來總部」（總部長為二階俊博幹事長）是不同組織，從二〇二一年二月起持續發起多次討論。

兒童優先讀書會是在五十歲以下黨員呼籲下所成立，成員人數眾多，例如牧原秀樹眾議院議員擔任兒童貧困對策推動議員聯盟的代理會長；鈴木貴子眾議院議員曾任該聯盟事務局長；木村彌生眾議院議員不但投注心力幫助單親媽媽，更制定日本的「披露與禁止服務」（Disclosure and Barring Service, DBS），保護兒童不受性犯罪者侵害；國光文乃眾議院議員則在疫情期間，加強補助專為貧困兒童提供餐飲的兒童食堂。雖然我常批判自民黨，但不少議員秉持重視兒童的理念，付諸行動，人數不並少於公明黨與在野黨。

我曾採訪過山田太郎參議院議員，也在參議院內閣委員會與讀書會上與他交談。他給人親切和善的印象，實際對談後更了解他發自內心重視兒童的生命、權利、尊嚴[25]。兒童優先讀書會的聯合代表自見英子參議院議員是小兒科醫生，強烈認為必須保護兒童的生命與尊嚴，為喚起更多黨內議員重視兒童政策不遺餘力。

五月二十四日召開第十六次讀書會時，我出席發表對兒童貧困對策與兒童廳的意見[26]。相較於該黨議員多為高齡男性，讀書會成員橫跨各年齡層。前文科省大臣柴山昌彥與小倉將信眾議院議員都提出尖銳的質問，我感受到他們明白當前少子化政策已無計可施，真誠面對兒童與家庭政策。

五月二十八日，讀書會公開發表第二次提案：「不論兒童廳隸屬永田町或霞之關（譯注：內閣府所在地為永田町，文科省與厚勞省位於霞之關），站在兒童立場，以解決兒童困難與培育兒童為中心」（三頁），明確提出目標並非討論組織管轄問題，而是打造理想的社會，以撫養、培育、成長為基礎，讓所有兒童「獲得成人愛護，健康茁壯」、「隨心所欲，欣欣向榮」、「表現自我，和周遭合作，堅強勇敢」（二頁）。

目前，日本自殺、虐待、霸凌、拒絕上學、兒童貧困問題的嚴重程度史無前例，他們也強調應迅速應對各種兒童緊急事態，以解決問題。圖5-2為該提案中的兒童廳。

自民黨還建議兒童廳設置主管大臣，賦予強大的調整權限，確保預算。雖然沒有提及《兒童基本法》，但明定法案內容依據《兒童權利公約》規畫。不僅跨越縱向體系，與地方政府的橫向連結也由兒童廳負責，是極為重要的構想。該提案更明定必須消滅育兒懲罰：「必須避免因生育蒙受社會與經濟不利的育兒懲罰」（二頁），值得矚目。

◆立民黨：兒童津貼全面增額的「兒童省」

立民黨則是在五月三十一日向眾議院提出《謀求兒童最佳利益之綜合推動兒童政策法案》（又稱《兒童綜合基本法案》），而且與我的兒童給付配套方案最為接近。「兒童與育兒專案團隊」主席大西健介眾議院議員表示，該法案的意義「不僅是建立『兒童省』，更是實際提高兒童與育兒相關預算，藉由兒童給付配套方案表

圖 5-2　兒童優先讀書會提出的「兒童廳」

兒童廳應當因應的緊急課題
～釐清三大課題「生命」「改善大環境」「制度框架」並加以解決～

1．保護生命
～守護兒童生命的體制～
虐待、自殺、探究死因、教育第一線的性犯罪者、霸凌、體罰致死、產後憂鬱、育兒孤立、協助配對送養國外。

2．改善兒童環境
～從懷孕前持續援助的課題～
兒童貧困、單親家庭、托育設施不足、不孕治療、援助家庭與家長、兼顧育兒與工作、嬰幼兒健檢、食育、體驗與室外遊戲時間不足、生活不規則、兒少照顧者、生活困難與孤獨孤立、拒絕上學繭居、托育與教育品質。

3．制度與結構
～站在兒童的角度持續援助健康與教育～
數位化、窗口整合、罕病、安寧醫療、需特殊醫療照護兒童、發展障礙兒童、事故、教育費用負擔、醫療與教育資訊連結，家長上下班時間無法配合小一上下課時間。

〈地方政府的第一線課題
～緊急調查地方議員發現四大共通課題～〉
①人手預算不足②學校第一線的課題不為人知③都道府縣與市區町村的關係④醫療補助減輕自付額。

「兒童廳」應具備的機能
～具備解決課題的實效性～
解決兒童課題的平台

1．基本概念
①設置專任大臣。
②調整權限強大（調查、設定課題、制定政策、解決）。
③決定與確保所有兒童相關預算。
④依據《兒童權利公約》綜合規畫。
⑤證據本位的政策與實踐（根據證據制定政策與實踐）。

2．所需機能～兒童廳是「解決兒童課題的平台」～
分散於各部會（縱向管轄）×分散於市區町村與都道府縣的兒童所在地（橫向管轄）×以循環式品質管理（Plan-Do-Check-Act，PDCA）來確實解決課題與驗證（橫跨不同年代）。
①Plan：蒐集與調查情報機能、兒童情報部局、制定預算與政策加以驗證。
②Do：撫養機能（茁壯成長）、培養機能（欣欣向榮）、成長機能（堅強勇敢）。
③Check：日本版Ofsted、兒童廳、週產期照護的評鑑機能。
④Action：改善報告、證據本位的政策與實踐。

「兒童廳」應具備的機制～調查歐美先進案例等，討論是否引進～

CDR（兒童死因回溯分析）、DBS（無性犯罪前科）、LMC（產前產中產後持續照護）、Neuvola（產前～就學一站式諮詢）、Ofsted（教育監管機構）、兒童廳（人權機關）、Advocacy（兒童代言人，維護與實現權利）。

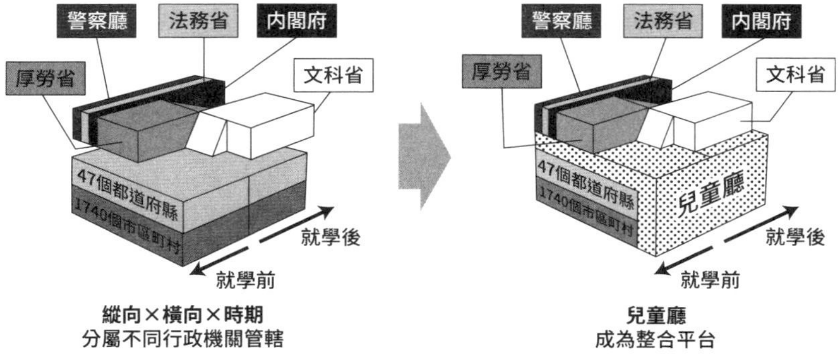

出處：自民黨「兒童優先的理想兒童行政讀書會」《【第二次建言說明圖】實現兒童優先社會所需的「兒童政策宏觀設計」～針對設立兒童廳～》P.2（2021）。

達我們的措施與理念。在選舉前夕提出政策與法案，率領眾人討論，透過各黨派相互競爭，推動兒童與育兒政策前進。」[27]

該法案重點如下：

①政策內容充實與否勝過成立部門，大幅提高兒童與育兒預算。

②兒童優先：法律目的與基本理念依照《兒童權利公約》，謀求所有兒童的最佳利益，保證其人權，實現社會全體幫助育兒。

③從兒童到青少年，援助不中斷：對象橫跨學齡前至初中等教育，包含兒童成年後相關政策。

④給付增額：兒童津貼給付至高中，廢除所有排富條款，所有兒童皆能領取；育兒津貼發放範圍擴大至低所得雙親家庭。

⑤解決兒童貧困問題：目標為兒童貧困率在十年內降至一半。

⑥設立兒童省以全面推動上述政策。

（立民黨網頁「向眾議院提出《兒童綜合基本法案》」二〇二一年五月三十一日）

無論立民黨、公明黨或自民黨的兒童優先讀書會，都以兒童權利為優先，而非組織管轄；著眼貧困與虐待問題；從嬰幼兒到青少年，援助不間斷。換句話說，不分執政黨或在野黨，這些共通論點應作為眾議院議員選舉的政黨公約，比較各黨政策。如同大西健介眾議院議員所言：「透過各黨派相互競爭，推動兒童與育兒政策前進」[28]。

立民黨的「兒童省」提案具體提出兒童津貼與育兒津貼增額等現金給付政策，明確指出中央與地方政府合計需七千億預算，值得稱許，因為這是消滅育兒懲罰最重要的政策。

咸認立民黨繼承前民主黨，經常受到抨擊，被貼上「只會批判的在野黨」標籤。其實他們也會向國會提出法案，並結合其他在野黨，鍥而不捨與執政黨交涉，實現對親子友善的政策。其法案與政策向來為衣食住匱乏的兒童著想，黨內甚至有議員提出「把功勞都算在執政黨頭上也沒關係，一定要為兒童推動政策」。

大西主席在讀書會針對教育國債、兒童保險、所得課稅、資產課稅提出疑問，分享黨內探討財源與政策的狀況。推薦我參加參議院內閣委員會的鹽村文夏議員明確批判兒童福利的排富條款，也在國會與讀書會大聲疾呼普及給付才能保障每位兒童的權利。打越咲良議員原本是律師，又曾鑽研教育學，向我提出如何具體設計兒童聽制度，例如具備何種行政獨立性才能讓制度發揮作用。

另外，關於兒童津貼與育兒津貼增額，山井和則眾議院議員多所貢獻。他尊重幫助貧困兒童的公益團體、困苦的親子家庭與青少年需求，以及專家的意見，迅速估出所需預算與政策對象的親子人數。對貧困的育兒家庭而言，暑假最為辛苦，山井議員與岡本章子眾議院議員因而於二〇二一年六月三日，向國會提出發放給付的法案（貧困的單親與雙親家庭兒童一人給付五萬）[29]。

立民黨的提案能否確保所需財源，將日本打造成親子友善的社會，端看各政黨的意願。

◆主要在野黨的共識

其次說明日本共產黨、民主黨，以及維新之會的動向。這三個黨派是主要在野黨，兒童相關政策的共通點為反對兒童津貼的排富條款、制定充分因應兒童問題的政策勝於設立兒童廳。

首先是日本共產黨，他們批判「設立新部會是偷換問題」，嚴厲指出「明明現在亟需制定僱用規範以利家長安心育兒，政府長期以來卻朝錯誤方向修正勞動法規，造成工時延長與非典型就業狀況惡化。沒有打從根本強化體制來改善兒童諮詢所，以致無法改善虐待問題。生活補助相關法規亦朝錯誤方向修正，導致子女多的家庭大受打擊，倒施逆行，無法改善兒童貧困」[30]。二〇二一年五月十三日，田村智子議員在參議院內閣委員會質詢時，明確指出「考量人口自然減少數，根本不需要廢除高所得階層的兒童津貼」[31]。

民主黨的矢田稚子副代表則如第一章的圖1-1和1-2，仔細整理兒童津貼與育兒家庭的負擔，持續追蹤兒童津貼與免費教育的排富條款[32]。她在社群媒體上也使用育兒懲罰一詞，指出以家長所得決定兒童所能獲得的福利是一種歧視。

田村議員、矢田議員，以及前文提及的立民黨鹽村議員則在質詢提出消除「援助的高牆」，以免剝奪家長納稅與就業意願，甚至是生子意願，並支持兒童給付配套方案。三人的質詢讓我更加具體思考，實際感受到在國會討論的意義重大。

維新之會的兒童與教育政策中心為免費教育，過去曾反對廢除高所得家庭的兒童津貼。高木佳保里議員在參議院內閣委員會質詢時批判「不增加育兒預算，將兒童給付挪來增加托育設施」，表示免費教育應當包含教材費與補習費[33]，同時建議協助兒童的學校社工應常駐學校[34]，我長期以來也是主張相同建議。

◆兒童廳無法阻止育兒懲罰？

二〇二一年六月十八日，內閣通過《經濟財政營運與改革基本方針二〇二一》（俗稱《根基堅固方針》），迅速著手討論兒童廳。儘管方針明定必須確保用於兒童政策的財源，卻缺乏關於《兒童基本法》的記述，部分說明疑似有意擴大兒童津貼排富條款的範圍。

關於確保兒童政策的財源說明為：「藉由能量課稅與歲入改革確保充分穩定之財源，以免債留子孫；考量有效性與優先順序，迅速謀求必要之援助對策；為求財源穩定，討論由企業等具備連帶關係的社會與經濟一分子公平分攤之新制度。」（《經濟財政營運與改革基本方針二〇二一》一七頁）

關於兒童津貼，方針顯示排富條款可能改為夫妻合計薪資，範圍擴大至中所得階層，同時明定「討論根據《兒童津貼法》修正附則所制定之兒童津貼現況」（一七頁）；「資源主要分配（該省則省，該花則花）於綠色、數位、地方活化、兒童與育兒」（三六頁）。用「該省則省，該花則花」形容剝奪高所得階層子女的兒童津貼，將排富條款擴大到中所得階層的《兒童津貼法》修正附則特意納入《根基堅固方針》。

該方針亦未記載貧困階層兒童的現金給付是否增額，只提出仰賴定期配送兒童食物的「兒童宅食」與提供便宜飲食的「兒童食堂」等民間協助，連改善方向都缺乏說明，讓人質疑育兒懲罰將加速惡化。

不過，保護兒童的方針則值得嘉許，例如「建立制度，保護兒童不受教育機構、托育設施、兒童活動場所者（無論領薪與否）的侵害；建立安全環境，保障兒童不遭猥褻傷害」（日本披露與禁止服務）；運用資料庫保護兒童，培育數據科學家；擴大對應兒童虐待。但和自民黨的「創造兒童與青少年光明未來總部」比較，總理與內閣的《根基堅固方針》還是略遜一籌。

非常可惜，菅總理的政策方案稱不上友善兒童。

◆自民黨高齡男性幹部是否成為「否決者」？

彙整完兒童廳的動向，關鍵還是在於自民黨總部，尤其是二階俊博幹事長與下村博文政調會長等自民黨高齡男性幹部。二階幹事長同時是自民黨「創造兒童與青少年光明未來總部」的總部長，下村政調會長曾經制定免費教育的排富條款，這些人是否會成為「否決者」[35]呢？「否決者」指的是，變更政策時需要關係人或組織的同意，包括政黨或黨內派閥。面對兒童津貼與免費教育的財源，以及加派人手來幫助親子家庭等政策提案，這群高齡男性幹部倘若決定當否決者，育兒懲罰便不可能消失。

二〇二一年六月三日，創造兒童與青少年光明未來總部通過「以兒童為主」的緊急改革決議，反映了相當程度前文提及的兒童優先讀書會的提案，儘管缺乏具體政策，至少明定「確保充分預算以實現兒童政策」（四頁）。決議中承認少子化政策失敗：「政府雖執行多項少子化政策，仍難見其成果」（一頁），記載促使兒童與家長幸福的方針：「以兒童為主，尊重兒童權利，強化守護兒童生命與安全的政策」；「體貼渴望建立溫暖家庭的眾人心願」；「解決兒童貧困與其他兒童所面臨的問題，促使在我國出生的所有兒童都能獲得幸福」（二頁）。

決議同時根據以下四種項目，提出主要建言：

①提升兒童政策的資料蒐集分析能力，建立「證據本位的政策與實踐」（Evidence Informed Policy and Practice）[36]。

②迅速應對兒童與育兒世代所面對的各種課題。

③確保充分預算以實現兒童政策。

④建立具備強大整合機能的行政機關「兒童廳」（暫稱），實現「以兒童為主」的目標。

決議前有報導表示「育兒相關預算僅占GDP的一成，今後將仿效其他先進國家，大幅擴充至三成左右」，可惜實際決議中並未提及具體數字。由自民黨總部發動的緊急決議看來，目前黨內高齡男性幹部發動「否決者」的可能性不高，但相較於公明黨與立民黨的提議都註明具體財源金額與改善政策，不得不說自民黨的認真程度不如其他黨派。

兒童廳成立主旨為「迅速應對兒童與育兒世代所面對的各種課題」（三頁），以及「醫療、保健、療育、社福、教育、警察、司法等領域的兒童政策，打破各部門縱向各行其政，推動橫向跨部門連結。站在兒童觀點，從懷孕前到孕期、出生、新生兒時期、嬰幼兒時期、學齡兒童時期、青春期，直到長大成人等一連串成長階段，面對生活困難的兒童與其家庭，由環境著手援助，毫無遺漏。以《兒童權利公約》為基礎，建立責任明確的體制」（五頁），而非無視兒童面臨的問題，執著於幼稚園與托兒所統一管轄。

由此看來，自民黨有心改變一路失敗至今的少子化政策方案，但應該還是有很多讀者擔心不過是條列一些美麗辭藻。正因如此，「發聲」與「投票」更是重要。

◆關鍵是「發聲」與「投票」

如果大家都想消滅政治與社會造成的育兒懲罰，辦法有兩種：發聲與投票。

首先是搜尋自家選區議員的網站，看看他們推出的兒童與家庭政策內容。確認重點如下：

①是否具體提出應當提高兒童津貼、擴大免費教育適用範圍、廢除排富條款？

②是否提出應當加派人手與預算，用於保護兒童權利、阻止虐待、解決兒童貧困？

尤其是一些自民黨議員，儘管政見強調「兒童是未來的主人翁」，內心卻輕視兒童與女性。但參加兒童優先讀書會的都是願意改善育兒懲罰的政治家，我相當期待他們將來活躍於政壇。此外，高齡男性幹部極可能不了解兒童與家庭政策的意義，以權勢濫用否決者的力量。

倘若大家有心與政治家對話，不妨透過網站、電子信箱、社群媒體，詢問議員對①和②的意見。政治家的網站都會刊登自己的電子信箱與社群媒體帳號，向他們表達自己的想法並不困難，而且往往會收到迅速且詳細的回覆，令人大吃一驚。政治家也有權利與尊嚴，提問時務必秉持有禮的態度。我要再次強調不少政治家是犧牲個人權益，為國家、為兒童、為家長付出心力。更重要的是，把票投給願意重視兒童、家長、成人權利與尊嚴的政治家和政黨。

育兒懲罰能不能消滅成功，端看眾人的發聲與投票。所有兒童與大人，讓我們一起把日本打造成溫馨親切的國家吧！

---

1 畑村洋太郎（二〇〇五）《失敗學的推薦》講談社文庫　六二～六三頁。

2 山田昌弘（二〇二〇）〈日本少子化政策為何失敗？──疫情後的家庭是否改變？──〉財務省財務總合政策研究所「人口動態與經濟、社會變化研究會」報告資料　一八～二〇頁〈https://www.mof.go.jp/pri/research/conference/fy2020/jinkou202010.pdf〉。

3 畑村洋太郎（二〇〇五）《失敗學的推薦》講談社文庫　七四～七五頁。
4 本田和子（二〇〇九）《即使如此，孩子還是繼續減少》筑摩新書　一七三頁。
5 山田昌弘（二〇二〇）《日本少子化政策為何失敗？迴避結婚與生產的真正原因》光文社新書。
6 山田昌弘（二〇二〇）《日本少子化政策為何失敗？迴避結婚與生產的真正原因》光文社新書　四八～四九頁。
7 山田昌弘（二〇二〇）《日本少子化政策為何失敗？迴避結婚與生產的真正原因》光文社新書　四八頁。
畑村洋太郎（二〇〇五）《失敗學的推薦》講談社文庫　一八頁。
8 畑村洋太郎（二〇〇五）《失敗學的推薦》講談社文庫　一三五頁。
9 泉房穗（二〇一九）《打造兒童城市的方法——明石市的挑戰》四八頁。
10 湯淺誠、泉房穗、藻谷浩介、村木厚子、藤山浩、清原慶子、北川正恭、魚君（二〇一九）《兒童人口增加了！明石市人口與稅收增加的地方政府營運方式》光文社新書　七二、七八、二二九～二三〇頁。
11 湯淺誠、泉房穗、藻谷浩介、村木厚子、藤山浩、清原慶子、北川正恭、魚君（二〇一九）《兒童人口增加了！明石市人口與稅收增加的地方政府營運方式》光文社新書　二九六頁。
12 本田和子（二〇〇九）《即使如此，孩子還是繼續減少》筑摩新書　二二〇頁。
13 本田和子（二〇〇九）《即使如此，孩子還是繼續減少》筑摩新書　一七三頁。
14 落合惠美子（二〇二〇）〈一九七〇年代後人口政策與其結果　以亞洲的去家庭化照顧為中心〉財務省財務總合政策研究所「人口動態與經濟、社會變化研究會」報告資料〈https://www.mof.go.jp/pri/research/conference/fy2020/jinkou202012_01.pdf〉。
秋田喜代美（二〇二一）眾議院內閣委員會諮詢專家發言　二〇二一年四月八日。
15 落合惠美子（二〇二〇）〈一九七〇年代後人口政策與其結果　以亞洲的去家庭化照顧為中心〉

財務省財務總合政策研究所「人口動態與經濟、社會變化研究會」報告資料　五六頁〈https://www.mof.go.jp/pri/research/conference/fy2020/jinkou202012_01.pdf〉。

16 日本財團（二〇二〇）《保障兒童權利法（暫稱兒童基本法）及制度之研究會建言》五頁〈https://www.nippon-foundation.or.jp/app/uploads/2020/09/new_pr_20200925.pdf〉。

17 立憲民主黨（二〇二一）〈向眾議院提出《兒童總合基本法案》〉二〇二一年五月三十一日〈https://cdp-japan.jp/news/20210531_1449〉。

18 《日經新聞》〈公明黨提議創立「兒童家庭廳」　同時設立獨立監察機關〉二〇二一年五月三十日報導〈https://www.nikkei.com/article/DGXZQOUA283KT0Y1A520C2000000〉。

19 柴田悠（二〇二一）〈驗證持續增加兒童援助的「預算」「人員」所顯現的「政策效果」〉自民黨兒童優先的理想兒童行政讀書會　二〇二一年五月十七日資料〈https://13c9eb87-5c30-462a-bf45-1415a998a4a9.filesusr.com/ugd/df1fed_c6be720ef0ec4e298dcdd223351c0b0.pdf〉。

20 末富芳（二〇二一）〈重視「所有兒童」的兒童與家庭政策、兒童貧困對策—少子化政策的極限與進化—〉參議院內閣委員會諮詢專家意見陳述　二〇二一年五月十八日〈https://drive.google.com/file/d/1eA47n-417-C5_s088QCS0zgfxmRdhM-B/view〉。

21 末富芳（二〇二一）〈少子化政策？應該先投資兒童與青少年，而非菅總理「強調我有做事」的#兒童廳 #消滅育兒懲罰〉二〇二一年四月十三日報導〈https://news.yahoo.co.jp/byline/suetomikaori/20210413-00232317〉。

22 總務省（二〇一九）《每千名公部門職員人數之各國比較》（未定稿）〈https://www.cas.go.jp/jp/gaiyou/jimu/jinjikyoku/files/2024_hikaku.pdf〉。

23 公明黨（二〇二一）《經濟財政營運與改革基本方針二〇二一之建言》二〇二一年五月三十一日四一頁。

24 《朝日新聞》（二〇二一）〈創立「兒童家庭廳」　公明黨向總理提議〉二〇二一年五月二十八日報

導〈https://digital.asahi.com/articles/ASP5X65XMP5XUTFK02T.html〉。

25 末富芳（二〇二一）〈#需要兒童廳來「保護兒童生命」「分配給兒童的預算」來問 #山田太郎議員〉二〇二一年四月二十日報導〈https://news.yahoo.co.jp/byline/suetomikaori/20210420-00233517〉。

26 山田太郎參議院議員網站（二〇二一）〈制定政策光靠證據就夠了嗎？援助兒童的「現況」〉二〇二一年五月三十一日報導〈https://taroyamada.jp/cat-kind/post-428〉。

27 立憲民主黨（二〇二一）〈向眾議院提出《兒童總合基本法案》〉二〇二一年五月三十一日〈https://cdp-japan.jp/news/20210531_1449〉。

28 立憲民主黨（二〇二一）〈向眾議院提出《兒童總合基本法案》〉二〇二一年五月三十一日〈https://cdp-japan.jp/news/20210531_1449〉。

29 立憲民主黨（二〇二一）〈向眾議院提出《再給付「育兒家庭給付金」法案》〉立憲民主黨網站二〇二一年六月三十一日。

30 《新聞赤旗》（二〇二一）《主張　自民黨「兒童廳」案　設立新機關是偷換問題》二〇二一年四月二十日〈https://www.jcp.or.jp/akahata/aik21/2021-04-20/2021042002_01_1.html〉。

31 參議院內閣委員會二〇二一年五月十八日會議紀錄《新聞赤旗》（二〇二一）《反而加速教保員離職　田村智子批判「計畫」》二〇二一年五月二十日〈https://www.jcp.or.jp/akahata/aik21/2021-05-20/2021052004_07_0.html〉。

32 參議院內閣委員會二〇二一年五月十八日會議紀錄　矢田稚子議員網站「內閣委員會《兒童與育兒援助法》及《兒童津貼法》部分修正法案審議與其他」二〇二一年五月二十日〈https://yatawaka.com/activity/2021/05/202115.html〉。

33 高木佳保里議員部落格（二〇二一）〈所謂的育兒，《兒童與育兒援助法》及《兒童津貼法》部分修正法案〉二〇二一年五月二十五日〈https://ameblo.jp/takagikaori1010/entry-12676611686.

html〉。

34 參議院內閣委員會二〇二一年五月十八日會議紀錄。

35 喬治・泰伯利斯（George Tsebelis）著、吳文欽譯（二〇〇九）《否決者論》韋伯文化出版。

36 證據本位的政策與實踐（Evidence Informed Policy and Practice, EIPP）模式是我在〈能否實現公正的教育？——教育政策新標準下青少年與兒童的幸福與審視政策改善的循環——〉所提出的政策改善循環。末富芳（二〇二一）〈能否實現公正的教育？——教育政策新標準下青少年與兒童的幸福與審視政策改善的循環——〉《日本教育經營學會紀要　第六十三號》六一～六五頁。

後記

相信大家讀到這裡已經明白本書的主旨是消滅育兒懲罰，促使日本成為善待親子的國家。

如同第四章我和櫻井啟太的對談，有些人以為育兒懲罰單純指養小孩是一種懲罰，但本書的育兒懲罰指的是，從政治、企業到社會都對親子施以冷酷的打擊。本書探討了政治與社會應當負起何種責任，又該如何改善。

新冠疫情期間，日本政治更是把所有育兒家庭逼入絕境。二〇二〇年二月二十七日，安倍前總理突然宣布國中小與高中全部停課。與此同時，必須養育子女的女性面臨疫情導致收入減少甚至失業，不少人因為手續繁雜，申請不到收入補助。總理還利用兒童彰顯自己的權力，打算將四月入學變更為九月入學，輿論為此沸沸揚揚。

媒體則發表煽動的報導，把兒童與年輕人視為擴大感染的主因，引發民眾過度不安。老年人的言行充滿了對兒童與年輕人的敵意，加速整個社會對親子施以育兒懲罰。兒童與年輕人的自殺傾向更趨嚴重，疫情期間，自殺的女性與十到二十多歲的年輕人人數增加，再度顯示日本社會對這些群體多麼冷酷無情（厚生勞動省自殺對策推進室《二〇二一年間的自殺情況》二〇二二）。

我從疫情前便致力於研究兒童貧困對策，提出建言。疫情期間親眼目睹育兒懲罰毫不留情地把親子逼到絕境，下定決心要認真面對政治與社會。

話雖如此，一介學者所能做的不過是將兒童心聲與實際情況整理成資料，向國內外發表；驗證對兒童的現金給付與實物給付，與值得信賴的社福團體一起拜訪政治家，要求援助貧困的育兒家庭；以專家身分持續在Yahoo! Japan新聞上發表文章。直到現在，我仍然覺得自己力量微薄，對不起大家，我很不甘心。

當政府廢除高所得家庭的兒童津貼時，提出糾彈；揭露成立兒童廳只是為了統一管理幼稚園與托兒所，批評（男性為主的）政治；主張《兒童基本法》的重要性。我在網路上的發言充滿爆發力，卻也時常遭到誤解，我需要更細膩的溝通管道。當我發現這項溝通課題時，光文社新書編輯部的永林彩子女士在二〇二一年一月捎來信息，為我企畫出版新書。

我認為這本書務必需要櫻井啟太這位把Child Penalty譯為「育兒懲罰」的學者協助。明明我們只見過一次面，但當我邀請他時，他一口答應，我們就此開始推動企畫。

然而就在四月進展漸入佳境時，政府提出兒童廳的構想，我也因而不得不與國會、政黨，以及各部會討論此議題，導致書籍上梓落後。由衷感謝永林女士與其他光文社新書編輯部同仁，以及合著的櫻井啟太先生堅持等待，陪伴我在政局情勢重要的時刻嘗試努力盡到身為學者的使命。與此同時，參議院邀請我擔任針對高所得家庭廢除兒童津貼等法案的內閣委員會諮詢專家。我多方思考自己能為這個國家的兒童與家長做些什麼之後，決定陳述意見。

我在第五章與〈後記〉都坦承表達我身為學者，與政治家之間的關係。當總理、內閣府，與日本學術會議、政府針對新冠肺炎等學者專家會議的關係惡化，引發學界震盪時，我懷抱小小的期待，期盼自己成為一盞明燈，提示學界與政界如何重建良好關係。這種學者態度需要檢驗與批判，所以我不僅記錄事實，也懷抱敬意寫下我對政治家的評價。

身為學者，對理論與驗證，我時時意識自己專業學術的「獨立性」，參與政府審議會、接受國會諮詢時從未揣摩上意與妥協。我沒辦法為了維護「學術中立」而拋棄眼前受苦的兒童與家長，不過我總會遇上一些場面迫使我認知到不是所有學者都能貫徹這種態度。

當我擔任參議院內閣委員會的諮詢專家，煩惱是否該對不屬於我研究領域的兒童與家庭政策提出建言時，公明黨的山本香苗參議院議員、自民黨的山田太郎參議院議員提供了寶貴意見，我深表感激。山本議員身為執政黨中心的一員，至今推動擴大友善親子的制度，對兒童家長，有時還包括學者，實踐「陪跑型援助」。像我這樣一介學者聽到自民黨在討論兒童廳，突然提出採訪申請時，他誠摯熱心地歡迎，並邀請我以兒童貧困對策專家身分參與黨內的兒童優先讀書會。

當我在參議院內閣委員會陳述意見時，共產黨的田村智子參議院議員、立民黨的鹽村文夏參議院議員與木戶口英司參議院議員，都為我加油打氣。身為與時代一同前進的社會科學學者，能遇到這麼多不同黨派的國會議員，一同面對眾人的迷惘與期許，實在是非常珍貴難得的經驗。

我同時要感謝公明黨的石川博崇議員在參議院內閣委員會對《兒童基本法》的溫柔提問，以及自民黨的德茂雅之議員針對少子化的有效政策，抱持著體貼兒童與青少年的冷靜態度，提出疑問。

參議院內閣委員長森屋宏議員主持會議時十分貼心，讓忐忑不安的我和其他與會專家能放鬆下來，說出意見，同時也感謝朝野政黨的幹事認同我出席會議。我要再次強調，正因為不同黨派的議員都為我打氣，我才能以內閣委員會諮詢專家的身分，秉持「兒童與家人幸福」的觀點，陳述意見。

另外要感謝民主黨的矢田稚子議員。她在國會質詢上引用「育兒懲罰」一詞，針對兒童津貼與免費教育的所得限制，提出一針見血的問題來保護兒童與家長。當我身體不適，情緒沮喪時，收到她絕不退縮的強力訊息，也允許我在本書引用其高水準的資料。

儘管當時政治情勢因是否成立兒童廳而一片混亂，為了保護兒童，朝野政黨認真討論《猥褻教師排除法》，對消弭育兒懲罰是重要的一步。公明黨的浮島智子議員憑藉強大決心發揮領導力，讓我看到這個國家今後消滅育兒懲罰的原動力。

在不久的將來，這個國家不再有育兒懲罰——我之所以敢如此斷言，正是因為接觸了前文提及的各黨派政治家。當我們做到這兩項條件：促使更多國會議員建立對親子友善的日本、包含我在內的選民改變行動，這個國家將再次成為「兒童天堂」，而我確信這個理想很快就會實現。

最後我要由衷感謝外子和兩個女兒。在這段奮戰的日子裡，我每天像戰國時代武士一樣低喃「不好意思，讓你們吃苦了」，從早到晚專心致志於兒童貧困對策的活動，寫作相關文章。能做到這些事情，都是因為有他們支持。

二〇二一年六月　末富芳

當育兒變成一種「懲罰」?：如何改變這個不婚不生，生了還被冷漠對待的社會？

子育て罰 「親子に冷たい日本」を変えるには

作者	末富芳（Suetomi Kaori）
	櫻井啓太（Sakurai Keita）
譯者	陳令嫻
主編	陳子逸
封面設計	日央設計工作室
校對	魏秋綢
特約行銷	劉妍伶
發行人	王榮文
出版發行	遠流出版事業股份有限公司
	104臺北市中山北路一段11號13樓
	電話／(02) 2571-0297
	傳真／(02) 2571-0197
	劃撥／0189456-1
著作權顧問	蕭雄淋律師
初版一刷	2024年11月1日
定價	新臺幣420元
ISBN	978-626-361-930-2

YLib.com 遠流博識網

www.ylib.com

Email: ylib@ylib.com

國家圖書館出版品預行編目（CIP）資料

當育兒變成一種「懲罰」？：如何改變這個不婚不生，生了還被冷漠對待的社會？　末富芳、櫻井啓太 作；陳令嫻 譯
初版；臺北市：遠流出版事業股份有限公司；2024.11
264 面；14.8 × 21 公分
譯自：子育て罰 「親子に冷たい日本」を変えるには
ISBN：978-626-361-930-2（平裝）

1. 社會福利 2. 育兒 3. 生育

547　　113013701